단단한 허공

시와문화의 시집 040

단단한 허공

박몽구 시집

시와문화

■시인의 말

다시 허공 앞에 선다
바닥 모를 수렁을
딛을지 모른다
저 허공이 단단해지기까지
어제의 나를
버릴 밖에 없다

2020년 5월
박몽구

| 차   례 |

■ 시인의 말

1부 슈베르트를 들으며

러빙 빈센트 _ 12
단단한 허공 _ 14
슈베르트를 들으며 _ 16
투구꽃에 너를 보는 _ 18
우면동 꽃시장 _ 20
박수근의 집 _ 23
섶섬이 보이는 방 _ 26
페이스 샵 불빛을 등지고 _ 28
궁남지 _ 30
공평동에서 _ 32
대방동의 지붕들 _ 34
용보촌 _ 36
자목련 _ 38

2부 하늘매발톱

사막 유채꽃에 너를 보는 _ 40
스테이플러 _ 42
사려니 숲에 와서 _ 44
도쿄에 와서 _ 46
과지초당에 가서 _ 48
보수동 헌책방 거리 _ 50
세운상가 키드의 환생 _ 52
화담 숲 가는 길 _ 54
장사동 소리 상가 _ 56
철원 가는 길 _ 58
머그 잔 _ 60
곽곡지 큰 가시연꽃 _ 62
하늘매발톱 _ 64
서촌 이중섭 집 앞에서 _ 66
백두산 사스레나무 _ 68
베를린 하우스 _ 70
동주를 찾아서 _ 72

3부 은밀한 유혹

산문 지나는 길에 _ 76
내소사 전나무 _ 78
북아현동 자귀나무 그늘 _ 80
변산행 막차에 기대어 _ 82
한밤의 다이얼 _ 85
백석의 이카루스 _ 86
기지개 켠 오동나무 _ 88
녹슨 라디오 _ 90
파미르 빵 _ 92
은밀한 유혹 _ 95
따뜻한 파도 _ 98
황학동 난장에 선 서점 _ 100
섬백리향 _ 102
마포도서관 가는 길 _ 104
게릴라 시위 _ 106

4부 상처받은 용

영혼의 모음 _ 110
대꽃 _ 112
와온, 밀물이 들기 전에 _ 114
염소들의 땅 _ 116
추사 유배지에 가서 _ 118
동묘 벼룩시장에 와서 _ 120
상록수역을 지나며 _ 122
필통 _ 124
겨울 파종 _ 126
덕수궁 가는 길 _ 128
이상의 집 _ 130
산을 옮긴다는 것 _ 132
늦둥이 모과 _ 134
모래톱을 지나며 _ 136
상처받은 용 _ 138

5부 스피커를 찾아서

피아노 계단 _ 140
스피커를 찾아서 _ 142
하라주쿠, 신촌 너머 _ 144
겨울 방직 _ 146
내 안에 있는 금단의 선 _ 148
보헤미안 랩소디 _ 150
더 레이디 인 더 밴 _ 152
카피켓 _ 154
엘렌 그리모와 함께 _ 157
알 _ 160
보석 비빔밥 _ 162
은행나무 터널 _ 164
고양이발 _ 166
조조할인 _ 168
무릎 올린 창포 _ 170
가을 나팔꽃 _ 172
길 깁는 날 _ 174

1부

슈베르트를 들으며

러빙 빈센트

올 들어 수은주가 가장 가파르게 내려간 날
이수역 멀티플렉스에서 고흐를 만났다
스크린 가득 노란 해바라기가 물결치는데도
왠지 따뜻하지가 않다
매달 꼬박꼬박 급료 나오는 학교 선생도 때려치우고
죽음에 이르기까지 8년 동안
파리 외곽의 시골 여인숙에 박혀 살면서
고흐는 800점의 그림을 그렸다
때로는 멀쩡한 귀를 잘라 창녀들에게 가져가고
싸구려 여인숙에서 쫓겨나는
참담한 가난 속에서
그가 판 그림은 단 한 점뿐이었다

유럽 여행길에 암스테르담에 갔다가
시내 한복판 고흐 박물관에 들른 적이 있다
벽 가득 뜨거운 해바라기가 물결치고 있었다
황금빛 해바라기의 물결에
37세에 권총으로 생을 마감한
가난한 화가의 얼굴을 겹쳐 본다
아랫배에 박힌 총알을 제거하지 않은 채

그의 죽음을 방치한 의사 가제의 초상화가
소더비 경매장에서 천정부지 가격으로
연일 치솟고 있다

배고픈 사람 쉬어가라고
산 아래까지 활짝 펼쳐진
고흐의 청보리밭에
문득 화폭도 붓도 없어서
은박지에 새긴 이중섭의 그림을 겹쳐 본다

이중섭의 가짜 그림 전시회가 성황을 이룬 소식이
신문 지면을 가득 채우고 있다

단단한 허공

설 앞두고 평촌아트홀에서 비엔나 왈츠를 보았다
슈트라우스의 아름답고 푸른 다뉴브에 맞추어
넓은 무대를 누비는 인형 같은 무용수
탄력 좋은 발판이라도 딛은 듯
허공을 가볍게 날아다닌다
바람 부는 대로 휘는 시누대를 심었을까
잘록한 허리로 단단한 지상을 딛듯 누빈다
다뉴브강 굽이굽이 감아 돌듯
젊은 무용수는 선율에 맞춰
무대 위 허공을 평지처럼 통통 튀며 걸어가고
훤히 비치는 발레복처럼 새해는 활짝 열린다

그때 문득 보이지 않는 발판을
피아노 건반 누르듯 경쾌하게 딛어가는
무용수의 발레 슈즈에 시선이 닿았다
옥빛 천이 발등까지 우아하게 덮었구나 했더니
허공으로 높게 비약하면서
비로소 드러난 바닥이랑
슈즈의 뭉툭한 코가 폐타이어처럼 새까맣다

어린 무용수가 평지를 걷듯
가볍게 허공을 딛게 해준 것은
시누대처럼 잘록한 허리도 아니고
허공에 찰 달라붙도록 숨겨진 자석도 아닌
옥빛이 까맣게 찌들도록 바닥을 누비는
피나는 연습이었음을 비로소 알았다

새까만 바닥 감추며 허공을 차고 오르며
새해는 거저 오는 것이 아니라
보이지 않는 곳에서
비 오듯 흘린 땀 몰래 삼킨 눈물을
밑천 삼아 온몸으로 여는 문이라고
검은 발레 슈즈가 묵언으로 말해 주었다

슈베르트를 들으며

협재 해수욕장이 바라다보이는
무인카페에서 슈베르트 피아노 3중주를 듣는 동안
몇 번이고 덮친 파도
하나도 아프지 않다

퇴직한 교장 아버지에게
더 이상 기댈 등은 남아 있지 않아도
청춘의 상처인 매독과 밤이슬
무릎 위 깨진 기타 하나밖에 없어도
서른한 살의 팡세를
가로막을 벽은 어디에도 없다

음악은 가장 깊고 푸른 가난이 잉태하는 것이라고
밤을 새워 오선지를 메워 나간다

제주 바다 매서운 바위에 찢긴 파도
상처의 깊은 곳까지 다 만져
흉내 낼 수 없는 선율을 이루듯
음악은 깊고 푸른 상처
저 안쪽에서

꾸밈없는 소리를 건지는 것이라고
무인카페에 훤히 비치는 달빛 져다 부린다

첫눈을 딛듯
처녀의 파도 속으로
두려움 없이 걸어 들어간다

투구꽃에 너를 보는

보드라운 흙 한 줌 보이지 않는 절벽 위에서
그는 가장 반가운 손님이다
발 앞까지 포복해 들어온 사막 앞에서
노란 사막유채꽃이며 낙타가시풀, 선인장꽃
다 진 다음에
그는 잿빛 투구로 받아든
이슬 한 모금
보석처럼 간직하여 붉은 꽃망울을 터뜨린다

사막의 진객에 어울리는 꽃대보다
족히 열 배는 넘게 돌밭을 파고들어
비 한 방울 허투루 보내지 않고
뿌리에 간직하는 그를 보면
한겨울 내내 난전을 지키면서도
아들에게 책을 쥐어준 어머니
주름지고 그을린 얼굴이 겹친다

황금 비단색 꽃
한 줌 쥐어짜면
무고한 죄인에게 건네는

사약 한 사발 그득 고이지만
꽃이 다 진 뒤에
그 뿌리를 으깨어 만든 종이
좀 하나 쓸지 않으면서 천년을 간다
라마 경전이 헐렁하게 적힌 종이 한 장
삶과 죽음이 등 맞대고 있다

미모를 자랑하던 꽃들
제풀에 다 진 뒤
라싸로 통하는 절벽 위 차마고도
홀로 가리키는 투구꽃 향기 맡으며
나그네는 미뤄 두었던 길을 오체투지하듯 잇는다

우면동 꽃시장

우면동 꽃시장에 백합이며 산국이 더디게 자라는 동안
우면산 아래 벌판에
한겨울에도 아파트숲이 쑥쑥 올라간다
사람의 발자국 소리를 들으며 자라는 동양란
맑은 향기 맡으려 몇 해를 기다렸는데
웃자라는 보리처럼 잘 크는 아파트들
민들레 한 포기 뿌리 내리지 못하도록
독한 시멘트 독을 뿌려댄다

민들레, 소심, 사루비아들
설 자리를 잃으면서
우면산 아래 옹기종기
작은 꼬막같이 엎드려 살던 사람들
터전을 잃고 떠난다

소가 잠을 이룰 틈도 없이
꽃나무들을 밀치며
아파트 숲이 쑥쑥 올라가면서
대지에 뿌리를 박고 살던 사람들

뿌리째 뽑힌다

콩나물시루같이 빽빽한 서울에
숨통을 터주던 꽃동네
사람보다 많은 튤립이며 백합, 국화 들 생글거리던 모습
이제 좀처럼 찾아볼 수 없다
꽃향기 가득하던 자리에
한 채 두 채 아파트가 올라가더니
화훼 단지를 경마장 쪽으로 몰아내며
온통 하늘을 찌른 빽빽한 아파트 심고 있다
마지막 금싸라기 땅에
금세 시들고 말 서양란
금세 표정이 허물어질 백합을 심어서
무엇 하느냐며
사람들은 분양이 끝나자마자
당장 두 배로 값이 뛰어오를 아파트를 짓는다
빈약한 꽃나무 뿌리들을 걷어내고
누더기처럼 기운 비닐을 걷어내고
어느 작물보다 환금성이 좋은
아파트들을 앞다투어 어깨를 맞붙여 짓는다

아파트 벽마다 꽃그림을 그리고
분양 사무소 앞에 플라스틱 화분들

즐비하게 놓아 세상을 바꾼다

세상은 이렇게 바꾸는 거라고 입주가 시작되어
깨진 농들 버리고 새로 들이고
벽걸이 티뷔가 달라진 세상을 비추더니
그 끝에 풀지 못할 고리처럼
치솟는 은행 금리가 따라오고
스모그 장막처럼 하늘이 검게 내려온다

박수근의 집

가을장마 잠시 뜸해진 틈을 빌려
숭인동 벼룩시장 난전으로 득템하러 가는 길
6호선 동묘앞역에 내려 출구를 찾는데
박수근의 창신동집 터라는 화살표가 눈을 푹 찔렀다
저절로 화살촉에 꿰인 듯 따라갔다
가족 그림이 따뜻한 배경을 이룬
박수근의 마루 겸 화실을 떠올리며
곧게 그어진 화살표가 일러주는 대로
청계천 다산교까지 구두코를 쿵쿵거렸지만
화가의 옛집은 좀처럼 눈에 밟히지 않았다

성세천 쪽에서 똑같이 그려진 화살표대로
되짚어 내려온 끝에서야
박수근이 전후 10년 넘게 배고픔을 견디며
그림에 매달린 집을 겨우 찾았다
종로구 창신동 393-16번지
흔한 구리 표지석 하나 없이
순댓국집 벽에 누군가 삐툴빼툴
 '(근대 미술의 거장) 박수근 화백 집' 이라고 휘갈겨
놓았다

반가운 마음에 사립문을 힘껏 밀었지만
허공 속의 문 열리지 않았다
한길가 곧 터질 대전차 지뢰처럼 박혀 있는
대형 변압기 위가 박수근의 안방이었기 때문이다
일대에 빌딩들이 올라가고 큰길이 나면서
가난한 화가의 집은 안중에도 없이
종잇장처럼 뜯겨 나갔으리라

어디를 둘러보아도 한 아이는 앞세운 채
다시 만삭인 아내가
산번지를 버겁게 오르는 모습 앞에서
붓을 굳게 쥔 화가는 보이지 않고
월드 부동산, 볼트 너트 어지러운 공구상,
대낮에도 네온불빛 화려한 패션샵 들
사라진 집을 비좁게 나눠 엉덩이를 틀고 있다

문득 박수근네 사립문 즈음에 자리잡은
중고 스마트폰 가게가 눈에 밟힌다
통신 연체자, 신용 불량, 불법 체류 무조건 개통!
핸드폰 반값 세일 광고판이
머뭇거리는 나를 와락 잡아끌며
빠르게 흘러가는 시간을 붙들어야 한다고
가을바람 빌어 큰소리친다

문득 뜨거운 변압기에 입혀진
화가 박수근 옛집 터 스티커 위에 앉는다
미군이 귀국 선물로 주문한
초상화 대금 몇 푼 받아들고
식구들에게 푸짐한 저녁거리를 마련해
갈지자걸음으로 산번지를 오르는 화가
허공 속의 사립문을 천천히 연다
느리게 가는 것이
끝내 더 빠르게 가는 것이라고
가을볕이 어깨를 토닥여 준다

화가의 옛집 터를 깔고 앉은 순댓국집에 들러
늦은 점심을 시킨다
옥션 경매에서 수십억 원에 경매되었다는
박수근의 그림 복사판이
어지러운 거리를 물끄러미 바라보고 있다

섶섬이 보이는 방

이중섭네 가족이 전쟁을 피해 숨어든
서귀포 산동네 셋방을 들여다본다
배꼽이 슬금슬금 붙어 오는 저녁
끓일 것이 마땅치 않은 무쇠솥에는
찬 공기 노릇하게 익어가고 있다

구경꾼들이 발을 들여놓기에 너무 좁은
이중섭네 손바닥만 한 마당 가득
횟배 뒤집는 맥문동, 죽담화 향기 넘실대고

식구들 긴 여름해 지치지 않고
넘길 수 있도록
서귀포 오일장에 내놓은 그림
춘화도로 여겨져 한 점도 팔리지 않은 채
담뱃불에 생인손이 타들어간다

이중섭이 섶섬 앞바다에서 건져온
게들이며 멍게, 돌우럭, 탯줄처럼 감긴 물미역
앉은뱅이 밥상 가득 올렸지만
미군 LST에 실려 일본으로 떠나고

즐겁게 맞아줄 식구들 보이지 않는다
곧 뒤따라 가리라 다짐했지만
물거품이 된 밀항의 꿈
담뱃값 은박지에 짓이겨져 있다

셋방 월세를 낼 형편이 안 되는
숨어든 행려병자들 그득한 요양원
주소 여전히 오리무중인 채
그의 이름을 내건 미술관
찾는 발길들 부산하다
서울의 한 경매장에서는
이중섭의 유작이 수억 원을 너끈히 넘겼다던가

고요가 뜨겁게 끓는 중섭네 셋방 마당에
손대기 어려운
며느리밥풀꽃 흐드러지게 피었다

페이스 샵 불빛을 등지고

첫눈을 제치고 겨울비 구죽죽 내린
노량진 고시촌 긴 골목
다닥다닥 처마를 잇댄 산번지 끝까지
비추기에는 힘겨운 듯
흐린 수은등 꾸벅꾸벅 졸고 있다
겨울비를 긋기에 힘이 부친 가로등을 대신해
페이스 샵 환한 불빛이
밤 10시 고시족들의 귀갓길을 돕고 있다
불면의 밤을 흐린 페이지들과 바꾸며
하늘의 별을 따려고 안간힘 쓰지 않아도 된다고
멀리 남쪽에서 목을 빼고 기다리는 어머니
더 이상 가슴 조이지 않아도 된다고
불면의 밤 버리고
화려한 색감의 페인트로 낡은 벽을 바꾸듯
얼굴만 매끈하게 다듬으면 된다고
영어 점수가 이게 뭐냐고
면접관이 비수 같은 질문 들이대어도
변함없이 웃는 얼굴 보여줄 수 있게
페이스 샵 2층 성형외과에 들러
볼우물 예쁘게 파면 된다고

페이스 샵 불빛 겨울비 뿌리치며 일러준다
흐린 수은등 뿌리치며
밤 깊을수록 큰 눈 더욱 환하게 치켜뜬다
아무리 저울추를 포개어 얹어도
저 콧날의 무게를 이길 수 없다
깊은 밤일수록 더욱 대낮같이 환한
페이스 샵 앞에 서면
정강이에 푸른곰팡이처럼 번진 상처도
팔뚝에 자르르 퍼진 주근깨도 깨진 발가락,
아내가 어린 것들을 낳느라 생긴
배꼽 아래 칼자욱도 다 갚고도 남는다
실리콘을 부어 세운 오똑한 콧날
이번 달 영업 실적이 뚝 떨어졌다고
부장이 아무리 큰 소리로 다그쳐도
웃음 잃지 않도록 판 볼우물
10년은 더 젊어 보이도록 잘 깎아낸 주걱턱…
페이스 샵 불빛은 얼굴이 가장 큰 재산이라고
소리 없이 핏대를 올린다

페이스 샵 아래 불빛이 모여 있느라
수험 준비 강의에 늦어
노상카페에서 허겁지겁 넘기는 컵밥 너머
청년들의 지친 표정 보이지 않는다

궁남지

백제 왕궁터 위에 머쓱하게 선
아파트 꽁무니에서 콸콸 쏟아지는 오물
장마 와중에 염색공장에서 몰래 흘려보낸 폐수
부소산이 무너지며 토해낸 검붉은 토사…
제아무리 오물들 달려들어도
궁남지는 마다하지 않고 다 받아들인다

헝클어진 산과 들의 아픈 이야기
다 귀담아들은 다음
빅토리아 연꽃의 거대한 뿌리로 걸러
백강으로는 맑게 찰랑거리는 강물만 내보낸다
제아무리 독배를 마셨다 해도
제 온몸으로 삭여
해맑은 미소로 파란 가을 하늘 들어 올린다
먼 길 가는 청둥오리 쉬어가라고
물 위에 넓은 꽃마당 펼친다

그 사람의 헝클어진 모습에
궁남지 연꽃의 맑은 얼굴을 겹쳐 본다
불광동 시장 한구석에서

이글이글 조개탄으로 쇠를 녹이는 대장장이
종잇장처럼 구겨진 자동차 문짝,
이가 흉하게 빠진 부엌칼,
해체된 건물에서 나온 녹슨 철근들…
쓸모없어 버려진 것들
대장장이의 손에 닿으면
이가 가지런한 식칼이 되고,
굳은 땅 부드럽게 풀어내는 호미가 된다

비오듯한 땀 닦을 생각도 없이
쇠를 벼리는 대장장이에게서
궁남지 연꽃이 두 길 흙탕물 속에 감추고 있는
마이다스의 손을 읽는다
제아무리 썩어들어가는 진창이라 하여도
보이지 않는 손으로 다 걸러내고
물 밖으로 해맑은 꽃 한 송이 건네는…

공평동에서

옛 화신백화점 뒤 공평동 사거리
더 이상 두려워할 하늘은 없다
파란 하늘 거뜬히 들어 올린다는
메타세콰이어 머쓱한 키 얕보듯
공룡 같은 주상 복합들 쑥쑥 올라가고 있다

불빛이 번득이는 백화점 문
밀고 들어가기 버거울 때
원고지를 메꾸다 지친 시인이며 기자들이
잔뜩 꼬인 시간의 매듭 풀던
잔술 파는 동태찌개 집,
장의자 삐걱거리던 선술집,
어린 연인 기다리던 길모퉁이 카페 즐비했던
공평동의 모습 온데간데없고
주상복합 빌딩들이 기린 목이라도 된 듯
쑥쑥 하늘 무서운 줄 모르고 올라간다

게릴라 출판하던 사무실 즐비한
공평동 거리에서 엄동 걷히고
함께 잘 사는 세상 꿈꾸던 게 엊그젠데

출판사 편집 직원, 보세 옷가게 점원,
파란 하늘 담긴 창 너머
따뜻한 저녁놀 굽던 빵집 주인들 사라지고
손가락 하나로 세상 뒤집는
낯선 사람들만 가득한 도심 한복판
메티세콰이어의 눈 가린 채
공평동 4지구에 주상복합 숲 세우느라
아침부터 콘크리트 비비는 소리 요란하다

대방동의 지붕들

대방동 일대 키 작은 집들 헐리고
날로 고가 사다리차 닿기에도 모자란
고층 아파트며 주상복합 빌딩들 쑥쑥 자란다

높다란 건물들에 올라보면
지붕은 하늘에 닿기 위해서 있는 게
아니라는 사실 곧잘 드러난다
서울여성가족센터 5층 올라가면
키다리 빌딩들 사이 몇 채 남은
작은 꼬막을 엎어 놓은 듯 작은 지붕들이
부끄러운 민낯 드러낸다

파란 하늘빛 물감 들이고 싶다는 듯
바지랑대에 걸려 있는 옷 몇 가지
담배 연기 무겁게 퍼져 있어
더 이상 산책할 수 없는 도심 길 피해
날로 위축되는 근육 펴겠다며 올려진 녹슨 역기
숨구멍 꼭 막힌 냉장고 피해
숨구멍 숭숭 뚫린 작은 옹기 몇 개
티 없이 맨들맨들거리는 얼굴 닦으며

아쉬운 가을볕 모으고 있다

출처 모르는 음흉한 얼굴의 뭉칫돈들
길게 줄 서서 목 빠지게 기다리는 입사 지원자들
모른 체하고 슬그머니 합격자 명단에 오른 청탁자들
구름 너머 하늘까지 닿는
타워 펠리스들로 이루어진 것 같지만
키 작은 지붕들은 아니라고
불끈 맨주먹 쥔다

하루를 이틀로 쓰며 일하는 사람들
내일은 오늘보다 나을 거라며
얄팍한 시급 쪼개 적금 붓는 이들
깨끗한 희망의 터전이라고
불룩거리는 근육으로 역기 힘껏 들어 올린다

용보촌

밤기차 타고 떠난 송정리 고향
수삼 년 만에 다시 들른다
미군 부대가 새로 들어오면서 환히 켜졌던 양공주촌
군 비행장이 캐터필러를 밀고 들어오던 날
이삿짐을 쌀 때처럼 어두워져 있다

송정리 공항 관제탑에 기름진 논배미 내주고
호주기와 함께 온 코 큰 미군들
주말 외출길 외롭지 않게
따뜻하게 뎁혀 놓은 골방 내주며 마른 눈물 삼키던
비행장 옆 기지촌에 다시 왔다
좁은 골목길 군용 짚 쑥쑥 빠지도록 넓히고
미군 전용 댄스홀 가는 길
한밤중에도 훤히 보이도록
수은등 까치밥보다 넓게 걸어두었던
용보촌의 기억 더듬으며 천천히 걷는다

휘황한 입간판들 골절된 팔처럼 늘어져 있고
부나비가 다 걸어가 버렸는지
술집 입간판들 울긋불긋 칠하던 네온등 꺼진 사이로

몰래 낳은 아이마저 빼앗긴 채
퉁퉁 부은 미군 색시 울음 스민 바람 차갑다

그 누이가 들먹이는 등 너머로 건넨
글씨가 누렇게 바래 있는
조무래기들의 꾸깃꾸깃해진 졸업장
미군이 떠나면서 떨어진 간판처럼 날아다닌다

자목련

겨우내 물 한 모금 들이지 않은
담 밑에 핀 자목련이 창을 두드린다
겨우내 밋밋하던 등걸에
파릇한 몇 낱 올려놓더니
어미가 온 힘을 다해 산고를 견디듯
겨우 자목련 몇 송이 눈부시게 피운다
그렇게 어렵게 자목련 몇 송이 벙글더니
보름도 못 가 봄비 한 자락에 우수수 져서
참으로 단명하구나 하는 안타까움만 더했다

그렇게 봄날은 속절없이 가는가 싶더니
짧은 봄날 저무는 5월에 보니
가지가 휘도록 잎이 흐북하게 매달려 있다
그때야 보이는 자목련의 속셈

자목련 꽃 몇 송이 지키기 위해
잎들은 초록을 채집하는 것을 참고 있었구나
파란 하늘을 안는 걸 늦추고 있었구나
그렇게 간직한 자목련 꽃씨 하나
다시 긴 침묵의 시간을 견딘다

2부

하늘매발톱

사막 유채꽃에 너를 보는

한 걸음 내딛으면
면벽한 찬바람 장벽에 미끄러지는
티벳 지척에 둔 칭하이 소금 호수
수평선 팽팽하게 펼쳐져 있지만
타는 듯한 목마름 덜어줄
물 한 모금 얻을 수 없다

밤새 모래바람 모질게 울고 간 자리
파란 하늘 넉넉하게 받아 안아도 좋을
잘 뻗은 줄기 스스로 자르고
새푸른 잎들마저 다 버린
사막 유채꽃 한 송이
깨진 무릎으로 가부좌한 채 새벽을 맞는다
순은의 잔 들듯 꽃잎에 받쳐 든
이슬 한 방울
티 없는 눈이 맑은 보석이다

노란 꽃잎 몇 개 피워올린 채
줄기 끝에서 뿌리까지 납작 엎드린 사막 유채꽃
낮 동안 따갑게 달구던 해 지고

땅거미 몰려들며 온몸이 얼어붙어
마침내 결빙하는 시간이 그에게는 환희의 순간이다
하늘이 내린 찬 이슬 한 방울
결빙의 순간에도 수정체로 빛으며
사막 끝에서 신기루 펼쳐지기까지
아픔을 참으며 견뎠으리라

모래 속으로 금세 삼켜질 뻔한
한 모금의 물
더없이 값진 보석으로 변신시키는
연금술 묵묵히 보여주며
너무나 많이 가진 것들에 둘러싸여
옴짝달싹 못 하는 나를 물끄러미 바라본다
정말 꼭 건너가야 할 벽에게
너를 아낌없이 던진 적 있느냐고
우체투지한 채 묻는다

스테이플러

여기저기 어지럽게 널려 있는 생각들을
한데 모으기 위해 스테이플러를 집어들었다
흩어져 있는 메모들을 한데 그러모았더니
흑인 가수의 입술처럼 두툼해진다

모아진 종이들의 아귀를 집어
스테이플러를 꼭 눌렀지만
두툼한 종이들은 한사코 거부한다
입술을 피하는 흑인 가수처럼…
되려 스테이플러의 쇠이빨이 힘없이 부러지고 만다

백지에 갈겨 쓴 몇 줄의 시
연필심을 눌러 써놓고도 부치지 못한 편지
아이들에게 열린 세계를 열어줄 강의 노트
뿔뿔이 흩어진 생각들
묶으려 들지 말라고
가고 싶은 대로 가고 싶다고
큰소리로 외치고 있다

그때그때 다른 무늬들을

살릴 생각이라곤 없이
한데 쓸어 넣을 생각을 굳힌 게 화근이었구나
한데 코 꿰기 싫다는 듯
바닥에 섬처럼 흩어진다
섬 사이를 표류하는 생각의 배 한 척
느긋하게 뱃머리를 돌린다

사려니숲에 와서

한라산 중턱 가로질러 서귀포 가는 길
하늘에 닿을 듯 곧게 팔 번쩍 들어 올린
길 가 삼나무 군락을 보며
언젠가 저 숲 한 평 사려니 마음만 먹어왔다
이번 여행길에는 부러 관리소를 찾아
매물로 나온 게 없냐고 물었더니
주인 없는 국유림이어서가 아니라
제주 말로 신성하다는 뜻을 지닌 사려니,
삼신 할매가 쪼그라진 가슴 꼭 끌어안은 채
좀처럼 내놓을 생각을 않는단다
뭐가 그리 대단한 물건이라고
늙은 나무 몇 그루 싹둑 베어내고
그 자리에 스키장이나 선수촌 아파트를 지으면
유리천정 뚫고 땅값이 치솟을 텐데
자꾸만 커지는 의문부호
풀지 못하고 걷고 있는데
신성한 숲에 늠름한 삼나무만 사는 줄 알았더니
여린 가지를 지녀서 까치들을 곧잘 올려놓는
비자나무들이 오손도손 자라고
솔방울 빼개지도록 먹음직스런 열매들 간직하고 있

지만
　제 앞에만 놓는 법 없이
　겨울 한복판에 떨궈서 산식구들 먹여살리는 잣나무
　겨울 깊어갈수록 초록옷 두텁게 입는 구럼비 나무
　해충이라곤 범접할 수 없이
　곤혹스런 향기를 골고루 나눠주는 산수국
　죽은 가지를 대신하여 생명을 꽃피우는 송이버섯
　나눠 받은 아침 이슬 한 모금
　잘 간수했다 담쟁이들 비탈길 올라가느라
　힘겨워할 때 아낌없이 건네주는 솔이끼들이
　남의 자리를 탐하지 않으면서 어울려 살고 있었다
　산길에서 서로 먼저 인사를 건네는 산가족들
　신성한 것은 저 혼자 잘 나서 목 뻣뻣하게 세우고
　인사받기에 바쁠 틈이라곤 없이
　서로에게 자리를 내주며 오손도손 사는 것이라고
　한여름에도 시원한 바람 긴네이 밀찻오름으로 올려주는
　서어나무 잎들이 살랑거리며 귀띔해 주었다
　사려니숲 사는 걸 포기했지만
　머쓱하게 키 큰 삼나무 뒤로
　낮은 자리를 서로 양보하며 선 나무들
　세상에는 돈으로 살 수 없는 게 꼭 있다고
　깨끗한 아침을 나누는 햇살
　넉넉하게 안고 말찻오름을 오른다

도쿄에 와서

동경역 가까운 자그마한 여관에서 하룻밤을 보낸다.
어깨를 제대로 펼 수 없을 만큼
비좁은 비즈니스 룸에서
윤동주가 살던 비좁은 하숙방을 떠올린다

긴자가 가까운데도 불야성의 불꽃은 보이지 않는다
여름에도 넥타이를 꼭 맨 샐러리맨들
도로변 선술집에 선 채로
안주도 없는 술 몇 잔 들이키며 일어서고
뒷골목 찻집 불빛 침침하다

아침 창밖엔
긴자의 증권가로 가는 직장인들
컬러플하지 않은 단촐한 차림으로
새끼에 꼬인 듯 길게 줄 잇고
바쁜 걸음 재촉하고 있다

저렇게 제 길을 가기에 바쁜 사람들에게
독도를 제 땅이라고 억지를 쓰고
전쟁 위안부의 존재를 부정하는

억지가 어디에 숨어 있을까
평화헌법을 깨부수고
침략 전쟁을 노골화하는 야욕이 어디 숨어 있을까
곰곰이 생각해 본다

문득 핫팬츠 차림의 젊은이들
인형과 액세서리, 사이키델릭 음악
소용돌이 속에서 떠다니는
하라주쿠 젊음의 거리 건너
거대한 메이지 신궁이 불쑥 얼굴을 내민다
일본왕을 앞세워 실권을 잡기 위하여
저렇듯 거대한 땅을 차지했으면서
그의 야욕에 온몸으로 거부한 전봉준을
손바닥만 한 초가에 유폐시킨
야욕의 검은 그늘을 겹쳐 본다

과지초당에 가서

남태령 아래 과지초당에 다녀왔다
추사가 생의 마지막을 보낸 자리여서일까
세 칸짜리 초막 마루에 앉으니
왠지 가슴 한구석이 저릿하다

마당 앞 난을 기르는 못물이 흐릿하다
먼 귀양길에서 돌아와
들리지 않는 임금의 부름 기다리며
묵묵히 군자란을 치는 여윈 등이 보인다

번듯하게 화강암으로 벽을 올린 추사박물관에는
디지털 기기로 복제한 세한도가 걸려 있고
문득 세한도 속 추사가
따스하게 손 내밀어
기다려야 한다고 토닥여 준다

행복 아파트가 쑥쑥 올라가면서
우면동 철거지에서 쫓겨온 꽃농장 비닐 하우스
다시 철거 계고장이 날아들었지만
갈 데 없는 도시농부들이 폭염에 피킷을 들고 있다

추사가 즐겨 마시던 옹기 우물에
끌어들인 수도
물값이 모자라는지 염천에 바싹 말랐다

보수동 헌책방 거리

흥남 철수로 간신히 몸만 빠져나와
미군 수송선을 타고 부산항에 풀린 피난민들
어렵게 올라가던 보수동 사십 계단을 닮았나
책방마다 헌책들 천정까지 가파르게 쌓여 있다

피난 살림 사이 끼워 넣은 두툼한 책짐
한 권씩 풀어 따뜻한 밥 한 그릇과 바꾸던
아픈 기억이 아직 가시지 않은 탓일까
보수동 골목에는 루핑집을 흔들던 찬바람 몰아친다

그 시절 두툼한 철학책이며 시집들 사라지고
한 점이라도 더 올리고 싶다는 듯
참고서들이며 고시생들이 내다 판 책들
스마트폰 게임에 밀려 내다 판 동화책들
책방 앞 길목을 가득 메우고
하나둘 사라지는 헌책방 자리에는
스마트폰 사진 즉석 인화점
진종일 인터넷을 떠돌며 정보를 퍼담는
카페들 커피 볶는 냄새 진동한다

문득 헌책방들 사이로 난
백팔계단을 오르는 겨울바람 맞아
말리는 헌책의 말린 귀를 펴며
저렇게 쉽게 퍼담은 지식은
쉽게 바닥이 드러나는 건 아닐까
하는 불길한 생각에 쫓기며
무너질 듯 어긋나게 쌓인 책더미 속에서
진주조개를 캐듯 보물을 찾는다

세운상가 키드의 환생

출판사에서 꼬물거리는 활자들을 만지다
의자를 털고 일어난 주말이면
내 구두코는 거품이 부글부글 끓는 맥줏집이나
배낭을 메고 훌쩍 떠나는 주말 여행지 아닌
청계천변 세운상가를 향했다
종로3가에서 대한극장까지 음울한 하늘에
걸쳐진 전선줄을 걸으며 가건물들 사이를 떠다녔다

하늘에 떠다니는 전파를 붙들어
먼 나라 소식을 들려주는 단파라디오
스티브 잡스의 아이디어를 베낀 애플 컴퓨터
일본 도쿄 아키하바라를 그대로 옮겨다 놓은
게임기들을 먼 나라 이야기처럼 눈요기하다 보면
시간이 만화경 속처럼 달콤하게 흘러갔다

상가 골목을 감도는 납 냄새를
마치 짜릿한 향수나 된 듯
실컷 마시고 온 주말은 힘이 붙었다
수입 레코드 대신 폐비닐을 부어서 찍어낸
해적판으로 존 레논이며 존 바에즈를 만났지만

그때처럼 귀가 호사를 누린 적은 없었다

하늘을 찌르는 주상복합이며
뒤로 흐린 물 콸콸 쏟아내는 호텔들에게
노른자위 땅 다 내주고
팔다리 다 끊기고 달랑 고립된 섬 같은
부품상가 하나만 남았다가
다시 새 단장한 세운상가에 들러본다

스티브 잡스의 애플 공화국은 사라지고
화려한 때깔이 연방 빛나는 스마트폰
손 하나 까딱 않고도 켜고 끄는 티뷔
요란한 소리를 내는 게임기들로 가득한
디지털의 벽을 넘어
퀴퀴한 납 냄새를 향수처럼 맡으며
광석 라디오를 만드는 소년을 본다
작은 트랜지스터 한 알을 만지며
벽을 넘어 먼 세계로 달려가는
때 묻지 않은 꿈을 본다

화담숲 가는 길

곤지암 건너 화담숲으로 간다
입동 가까워지면서 몇 줌씩 줄어드는
가을볕 받아 당단풍들 옷 벗고 있다
아쉬운 가을볕이지만
음지 식물에게는 큰 자산이어서
옷 벗은 나무들 아래 고이는
찬 이슬 한 방울 한 방울
금싸라기처럼 갈무리한 이끼들
비로소 노랗게 생기 띤 채 발을 뻗는다
가을 들어 겨우 일자리 얻은 소사나무
머쓱한 허리 구부려 단풍잎 쓸지만
가을산 걸친 울긋불긋한 옷
더욱 두터워지고 있다
파란 하늘 가까이 기지개 켠 구상나무
골똘히 생각에 잠겨
보이지 않는 책장 연방 넘기고
완만한 비탈 이루며 누운 너럭바위
천천히 가라고 소리 없는 말
큰 소리로 마음의 주파수 맞춘다
한 바가지 맑은 물에도

훤히 비치는 몸으로 헤엄치는 버들치
갈수록 커져가는 도시의 욕망
곧 터질 물거품이라고 일러준다
느릿느릿 걷는 화담숲 길
속도 빠른 길에서
멍든 상처 만져준다
와락 달려드는 땅거미
서울로 가는 길 까맣게 지운다

장사동 소리 상가

8월의 크리스마스는 이런 것일까
지루하게 이어지는 폭염에 맞서서
소나기 한줄기 시원하게 내린 날
장사동 소리 상가에 간다
바로 옆 세운상가 재포장이 한창인데도
여기까지 그 음덕이 채 못 미쳤나 보다
긴 나팔관을 가진 혼스피커
오후 세 시 넘기기 어려운 듯
허리가 굽어 있다
더위로 느슨해진 턴테이블 벨트 탓일까
LP판 코맹맹이 소리 내며 돌고
소리 이어주던 선들도
조는 듯 이어졌다 끊어졌다를 되풀이한다
문득 금강전자 유리창 너머
푹푹 속 끓이며
음표들 새겨가고 있는 6V6 진공관 앰프가
내놓는 맑은 소리 한줄기
8월의 크리스마스 송가 들려준다
다들 바다로 휴가 떠나고
한 소절만 들어도 귀가 따가운

스마트폰 사이키델릭 음에 맞서서
맑은 시내 한 줄기
출구 보이지 않는 빌딩숲으로
흘려보내고 있다

철원 가는 길

동해로 남해로 가는 피서 행렬
긴 꼬리를 이룬 7월 끝자락
그나마 트인 길 찾아 북쪽으로 간다

남북 두 정상이 군사분계선을 넘나든 뒤끝인가
군데군데 막아섰던 검문소 사라지고
염천 이기는 옥수수 더욱
이가 굵어졌다 하지만
초록이라고 다 같은 초록이 아니라는 듯
디엠지 못 미쳐 길은 지뢰꽃으로 막히고
철원 노동당사에 들러 여름볕 가린다

온몸 깊게 패인 탄흔 간직한 채
앙상하게 서 있는 옛 철원 노동당 건물
우리 손으로 운명을 결정할 수 없이
누군가에게 멱살 잔뜩 잡혀 있는
반신불수의 사람을 본다
부스러져 가는 시멘트 기둥과
무너져 가는 벽틈으로 구절초 몇 송이
붉나무 몇 그루 파란 하늘 향해 뻗어 있다

총으로 결코 억누를 수 없는 욕심
사람의 발길 들여놓지 않는
폐가로 변모시키고 말았지만
무기로 결코 막을 수 없다고
높은 건물 꼭대기에서 투신하듯
맑은 향기 지상으로 흩뿌리고 있다

아무리 숨 막히도록 멱살 잡혀 있어도
가을은 마침내 오고 만다는 듯
노동당사와 함께 선 키 큰 포플러
시원한 바람 한 줄기 일으킨다
그 바람에 실려 월정리에 머문 철마에게
북으로 가는 길 한 뼘 이어주러 서둘러 간다

머그 잔

얼마든지 얇게 다듬고
요염한 자태로 뽑아낼 수 있지만
익은 손재주 사용하지 않는다
온종일 고추 모종을 내느라
두렁에 엎드려 있었으면서도
다시 식구들에게 낼 따스한 밥상 든
어머니 넉넉한 허리 닮은
두툼한 둘레를 입힌다

합당한 대접 받기보다
때로 차갑고 거친 바닥에 팽개쳐지는 일 많아도
깨지지 않고 넉넉한 배로 견디는 머그 잔
따뜻한 커피로 깊고 긴 겨울밤 견디는
입술들 아무리 많이 스쳐가도
부드러움 잃지 않도록 빨간 립스틱 바른다

한여름 차가운 목 넘김 즐긴 다음
버려져 수백 년 중음신으로 떠도는
플라스틱 매끄러움이 부럽기도 하지만
진종일 무거운 짐에게 어깨 아낌없이 빌려주고

돌아오는 길

길 모퉁이 카페에서 바닥까지 비우는
따뜻하고 두터운 사랑 한 모금
값싼 흙으로 빚었다지만
결코 깨지지 않고
진득하게 간직한 영혼의 두 눈

관곡지 큰가시연꽃

황해를 몇 걸음 남겨둔 시흥 관곡지
스물스물 땅거미가 몰려오는데도
크고 화려한 황금의 관 쓰고 있는
큰가시연꽃 햇살 여전히 이글거린다

난개발 아파트들 쏟아낸 흐린 물
흘러들어 아무리 썩는다 할지라도
물 밑에서 재갈 문 뿌리들
개펄에 뿌리박은 채 다 걸러내고
수면 위로 맑은 얼굴만 드러낸다

그렇게 씻은 듯한 얼굴만 보여주는
큰가시연꽃도 온몸 던지는 때가 있다
아픈 상처 마다하지 않으며
제 몸 한가운데 찢어
단 한 송이 맑은 연꽃 피운다
그런 다음 홀연히
왕관 거두어지고 만다

큰가시연꽃이 흐린 물

환하게 맑히며 피는 걸 보면
어린 것 제 온몸을 던져
세상에 내놓고는
그만 절명하고 만 스무 살 어머니 같다

무릇 세상에 때 묻지 않은
탄생의 울음 안기려면
제 몸에 깊은 상처 새기는 것
두려워하지 말아야 한다는
관곡지 큰가시연꽃 들리지 않는 큰소리
저녁을 한 걸음 뒤로 물린다

하늘매발톱

중국발 미세먼지에 갇혀
눈먼 자들의 도시 되어버린
봄날 오후
파란 하늘 한 자락 찾아
성북동 길상사를 찾았다
법정의 무소유 뒤적이며
눈먼 자들의 도시를 빠져나갈 출구
더듬더듬 찾지만 좀처럼 만져지지 않는다

몇 대는 누려가며 살아도 좋을
성북동 노른자위 요정 자리
빈손으로 공양한
백석의 애인 자야 기림비 앞에서
잠깐 깨끗한 하늘 열렸다.

그 하늘 더 크게 눈에 담으려
한 걸음 더 옮겼더니
설법전 앞 가문비나무들 사이
빽빽하게 걸린 초파일 연등들
5월이 펴든 초록 우산

한 뼘도 남김없이 가려 버렸다

한 조각 때 묻지 않은 하늘 찾아
절집들 사이 두리번거리는 내게
문득 설법전 앞뜰에 핀 하늘매발톱에
눈길 멈춘다

연 걸린 연등이 몰고 온 잿빛은
문제가 아니라는 듯
티 없이 파란 하늘빛 그대로 옮긴 꽃
설법전으로 가는 좁은 길
분명하게 비추고 있다
저를 향하는 매서운 발톱 내어
꽃등 너무 환하게 커지는 걸 경계하며
대낮에도 밤 같은 잿빛
몇 걸음 물러서게 하고 있다

문득 죽비 소리 한 자락 시원하게 쏟아진다

서촌 이중섭의 집 앞에서

서천 옥인동 골목 오르다
종로 구립 미술관이라는 안내판 앞에 선다
한 화가가 일생 동안 그림과 비품들
선뜻 기증해 세워진 미술관이란다
서울 한복판에 거의 유일하게 남은
일제 때 적산가옥과 함께
화가가 일생 동안 그린 채색 산수화들
미세먼지 가득한 서울 속 무릉도원이다

문득 반대편 골목길 구불구불 접어들어
이중섭이 마지막 전시회 준비했다는
셋방 찾아 이리저리 찾아다닌다
한 시간여를 헤맨 끝에
이중섭이 화실 겸 살림집으로 쓴 곳 겨우 찾았지만
몇 해 전 증축되어 옛 모습 온데간데없다
옥인6가길 44-11이라고 쓰인 우편함
지방세 고지서며 카드 청구서만 혀 빼물고 있다
새 건물주가 한사코 반대해
흔한 구리 표지 하나 달 수 없었단다

해방과 전쟁의 피나는 와중에서도
강에서 노 젓는 평화로운 그림 그린
동년배의 화가가 종로 구립 미술관 이루는 동안
아내마저 일본으로 돌아간 이중섭
붓을 빼앗긴 채 행려자로 떠돌다가
서울 적십자병원에서 무연고자로 죽었다
그가 붓 대신 못으로 그린
담배 은박지 그림을 떠올린다
하느님은 구립 미술관 가득 채운 채색화와
중섭의 몇 점 안 되는 그림 중
어느 쪽에 더 무게를 둘까

이중섭이 힘겹게 오르내렸을 골목길
땅거미 스물스물 몰려드는 시간
그림과 저녁값을 바꾼 화가
휘파람 불며 돌아올 것 같아
어둑해진 빈 골목을 몇 번이나 들여다본다

백두산 사스레나무

북한 땅을 빤히 눈앞에 둔 채
중국 쪽 이도백하 북파 능선을 타고
천지 만나러 가는 길
내장산 단풍 곱게 물들 10월 초입인데
백두산에서는 벌써 찬 진눈깨비가 흩뿌린다
중국명 창바이산을 성지로 여겨
아스라한 히말라야 곁에 두고도
먼 남쪽 운남성에서까지 몰려든
중국인들에 떠밀려 천지길을 재촉한다
백두산을 빼앗긴 것 같아
오랑캐꽃 헤치며 앞서간다

이윽고 해발 천칠백 고지를 넘어서자
진눈깨비는 어느새 찬 눈발로 바뀌고
늠름한 자작나무 숲 감쪽같이 사라진다
수목한계선에 선 키 작은 사스레나무 군락만이
눈발을 인 채 찬바람을 이기고 있다
꼭 객지로 간 아들 기다리는 어머니 같다

차고 거센 눈보라 앞에

제대로 서있는 사스레나무라곤 없어서
하나같이 꼬부라진 허리들 옆으로 편 채
서로 기대고 있다
더 이상 물러설 자리 없다며
과객처럼 어깨를 묻은 채 앉아 있다

천지로 가는 한 가닥 길
나한처럼 막고 있던 바람
사스레나무들 완강하게 어깨 엮어 막아서자
더 이상 견디지 못하고 연다

가난하고 힘 없는 것들일수록
홀로 서는 게 아니라
여리지만 팔에 팔 걸고
눈보라 거셀수록 서로 어깨를 묻고
꼬박 새벽이 올 때까지 견디는 것이라고
키 작은 사스레나무들 묵묵히 일러준다

마침내 거친 눈보라 헤치며
천지가 맑은 눈으로 바라본다
비록 차가운 무기에 그늘 아래
민족의 성지 둘로 갈라졌지만
우리는 끝내 하나 되고 만나고
가파른 바위 헤치며 뜨겁게 포옹해 왔다

베를린 하우스

동백림 사건으로 졸지에 오열의 누명을 쓴 채
윤이상은 독일로 추방된 뒤
생을 마감할 때까지 고향 땅 통영을 밟지 못했다

39년 동안 살얼음 같은 이국 생활을 견뎌준
그의 베를린 하우스에 들렀다
윤이상이 망명 생활을 견디던 집 그대로 옮겼다는데
베토벤에 버금가는 이름 값을 하는
화려한 살림이라곤 보이지 않는다
사치품이라기엔 너무 낡은 LP판 몇 장
바늘이 닳을 대로 닳은 턴테이블
곰보처럼 얼굴이 얽은 책상 하나
덩그러니 다락방에 놓여 있다

시선을 돌리니 기운 벽 아래 놓여 있는
달항아리 하나 눈에 밟힌다
넉넉하게 부푼 배를 만지며
고향과 어머니의 향기를 맡았단다

문득 찾는 사람이 드문

전시관 가운데 놓인 윤이상의 청동 흉상이
굵은 눈물을 흘리고 있다
파란 가을 하늘이 어느새 잿빛으로 물든다

사람은 결코 겉모양 그럴듯한 물질이 아니라
한 줄기 곧은 정신으로 산다고
아무리 국토를 두 동강 내어도
나눌 수 없는 것이 있다고
흉상 속에서 걸어나온 윤이상이 말해준다

동주를 찾아서

북적거리는 삼청동 일대 북촌을 피해
사직터널 옆 서촌으로 발길을 돌렸다
윤동주의 연희전문 시절 하숙집이 있다는
풍문을 확인하기 위해서였다

국화꽃을 넣어 송편을 빚는 떡방앗간,
통밀로 국수를 빚는 집,
가을 바람에 창문이 삐걱거리는 헌책방 들 사이에서
윤동주의 하숙집을 찾아다녔다

종로구립 박노수 화백 미술관,
낡은 구두 수리점, 떡방앗간 부근을
꼬불꼬불 배회하며 찾았지만
윤동주의 하숙집은 좀처럼 보이지 않는다

가을 밤을 서늘하게 밝히는
수제 커피숍을 지나
겨우 찾은 윤동주의 하숙집
온데간데없이 헐리고
그 자리에 머쓱한 연립주택이 들어서 있다

'윤동주의 하숙집 터'라는
구리 안내판이 바르르 어깨를 떨고 있다

안내 지도에 그 옆에
이중섭 집터가 있대서 찾아갔더니
그 번지 일대를 온통 다세대 주택들이
굴 껍질처럼 다닥다닥 붙어 있어
집터의 흔적조차 찾을 길이 없다

몇 채 남지 않은 한옥들마저
대수술하듯 내부는 다 들어내고
기와지붕과 벽만 간신히 남아 있다

산번지를 오르는 행인들에게 물었지만
윤동주의 하숙집을 누구도 모른단다

문득 초저녁인데도
골목길을 땅거미가 스물스물 기어들고 있다

3부

은밀한 유혹

산문 지나는 길에

산문 지나 가파른 산길 오를수록
땀이 흐르고 몸 가벼워진다
검버섯 성성한 굴참나무며 아기단풍이 전염시키는
맑은 기운 음덕이리라
험한 얼굴을 한 먹구름과 손이라도 잡을 듯
매연 잔뜩 품은 채 올라가던
화공약품 공장 굴뚝,
따라오는 손 뿌리치며 하늘 천정 만질 듯
솟아오르는 고층 아파트 벽들
난쟁이 키 겨루기일 뿐
새털구름 날개 달듯 오르다가
가까스로 절 마당 서니
코끝 적시는 신명 슬며시 사라진다
절집 앞 새빨간 입술 한 양귀비
요염하게 가슴 드러낸 채 흐드러졌지만
시선만 붙잡아둘 뿐 팔을 벌리지 않는다
자궁 적출한 여자라도 되는 걸까
모르핀 성분 유전자 도려낸 개량종이란다
그렇구나 참는 건 미덕인데
위험한 유혹 거세해 버리는 사태처럼

맥빠지는 일 없는 거구나
그러고 보니 기도 도량으로 가는 길에 핀
꽃들 시드는 일 없이
사시사철 변함없이 교태 좔좔 흐르는 게
플라스틱으로 찍어낸 꽃이다
향기 없는 꽃들 사이로 복전함 배 불룩하다
도시의 높은 벽들 피해
호젓한 산사 찾은 걸음
그런 날은 문수보살 보기 부끄러워서
서둘러 산길 내려와
담장에 흐드러진 줄장미와 입 맞춘다

내소사 전나무

부안 내소사 가는 길 내내
빈들에 뙤약볕 왜 이글거렸는지 알 것 같다
번들거리는 산해진미 차려놓고
길손들 주머니 노리는 사하촌 너머
피안이 저기 있다는 듯
시원하게 드리운 전나무 터널
값을 매길 수 없는 이유
절집 한참 벗어나서야 겨우 헤아린다

안으로 접어들수록 첩첩이 놓인 복전함
사천왕 새로 깎는 데 쓰일 나무
기왓장 보시 접수대
수능시험 백일 앞두고 올리는 축원 목탁 소리들
절 마당 곳곳 가로막아
피안은 기약 없이 뒤로 물러선다

천년을 제자리 지키고 있다는
삼층석탑 빙빙 돌아도
끝내 피안 감성 맡아지지 않고
사하촌 아래 빈 들로 돌아가는 길

밑둥 잘린 전나무에 앉아
잠시 긴 여름 해 몇 뼘 자른다
어린 전나무, 나도밤나무, 당단풍나무 들
첩첩이 막아선 채
온몸 재선충에 내주다가
죽은 후 넉넉한 절집 기둥 된 전나무

너는 뒤에 뭘 남길래 묻는다
어느새 여름 해 지면서
산바람 실은 노을 선선하게 깔린다

북아현동, 자귀나무 그늘

이른 봄부터 여름이 익기까지 내달린 끝에
북아현동 추계 학교에서 종강을 맞았다
종강 날인데도 책 만들기 교재
절반도 떼지 못한 것 같다
채 펼치지 못한 페이지들
흑인 가수의 입술처럼 두텁게 남아 있다

문득 창밖으로 눈 돌리니
산 정수리까지 작은 꼬막처럼 엎어져 있던
판잣집들, 키 작은 루핑집들, 반지하 닭장집…
까까머리처럼 걷어내고 올라가는 재개발 아파트
책 한 권 끝내기 이렇게 버거운데
어느새 하늘 꼭대기 만질 듯
쑥쑥 올라가고 있다

화산이 터진 것도 아니고
시지프스의 바위가 올려진 것도 아닌데
북아현동 산동네 뒷산의 키
하루가 다르게 부쩍 자라고 있다
한 학기 내내 만지작거리느라

귀가 너덜너덜해진 책들
제품집 미싱공들 길고 추운 밤 견디게 해주던
라면집, 씩씩 김 내뿜는 코끼리 만두가게
어두운 그림자에 가두며 쑥쑥
키를 높이고 있다

그렇게 작은 것들,
토박이들 구차한 살림
빠른 걸음으로 뭉개가지만
차가운 아파트 아무리 큰 아가리 벌려도
삼키지 못하는 것이 있다
문득 초여름 더위 한 걸음 물리면서 핀
자귀나무 떨기 같은 꽃 한 송이
맑은 향기 한 줌
마지막 수업 중인 강의실로 건넨다
아무리 차가운 벽 가로막아도
끝내 타고 넘어
그리운 사람에게 귀띔해 줄 게 있다고
아파트 벽 넘어 산동네로 온몸 부비벼
느긋하게 번져가고 있다

변산행 막차에 기대어

입추 즈음 잠깐 고개 숙였던 폭염
다시 기세 올린 8월 한가운데
이준익이 메가폰 잡은 영화 변산을 본다
신인 래퍼 경연대회 쇼미더머니에 나갔지만
6년째 개근하여 본선에서 탈락한 무명 래퍼
심뻑의 걸쭉한 랩으로 여름밤 죽인다
고딩 때 백일장에서 장원 먹은 이력 감춘 채
서울 올라와 이곳저곳 가수 등용문 기웃거리지만
무대는 갈수록 좁혀 들고
발렛 파킹, 편의점 알바로 청춘 짓이기는 모습
남의 일 같지 않다
시인 면허장 하나 들고
덜렁 서울행 밤차 탄
철모르는 나를 보는 것 같다
출판사 편집부에 편안한 의자 기대하면서
우상 같은 선배 출판사 찾아갔지만
좋은 책 만들려면 밑바닥부터 알아야 한다며
선배는 납 냄새 퀴퀴한 인쇄소 지하실로 밀어 넣었다
폐결핵 도질까봐 한 달 못 넘기고

고향에서 추석 보내고 온다며
귀향열차 차표 값 타내어 도망쳤던 기억
쓰리게 되살아나 여름밤 더욱 달군다

래퍼 꿈은 갈수록 멀어지고
시급 기천 원의 편의점 알바로 청춘 고스란히 바치지만
차가운 삼각김밥, 유통기한 지난 우유로 끼니 때우는 주인공
고향 송정리에 버리고 온 꿈
남 이야기 같지 않아
흐린 스크린처럼 젖은 눈 돌리지 못한다
첫사랑은 이루어지지 않음으로써 완성된다는
영화 속 소설가 정선미 말이
과녁 찾은 화살처럼 꽂히는 건 왜일까
편의점 알바에서 돌아온 깊은 밤
헐거운 고시원 벽 너머
이웃들 잠 깨우는 심뻑의 랩
청춘은 결코 잠들지 않는다고 말한다
변산은 노을만 아름다운 폐항 아니듯
미군들에게 넘겨주고 떠나온 기지촌 마을
내 고향 지켜준 누이들 눈물
나를 일으켜 세운 기둥이었음을
비로소 알 것 같다

긴 여름밤 몸으로 때운 아이들
새벽 거리 휘젓는 고성방가 랩
왠지 정겹다

오랜만에 남쪽으로 가는 열차에 몸을 던진다

한밤의 다이얼

　가을비 그친 한밤중 달아난 잠 쫓느라 라디오를 켠다. 볼륨을 슬쩍 올리자 살얼음 깨지듯 어둠에 금이 간다. 빌리 할리데이의 저음이 배를 깐 채 퍼지면서 벽에 갇혀 있던 갈대들이 고개를 흔들기 시작한다. 축축한 옷들이 어깨를 포개고 있던 벽장 속까지 바삭하게 깨어난다.

　빨갛게 달궈진 진공관 열기 가득한 라디오 캐비닛을 열고 빌리 할리데이가 나온다. 백인 애인에게 얻어맞은 그녀의 입술이 터져 있다. 흑인이라는 이유로 무대 위의 디바는 공연이 끝나자 뒤에 달린 쪽문으로 간신히 빠져나온다.

　천장에 묶여 있던 새들이 덫을 풀고 파란 하늘을 편친다. 빌리 할리데이의 젖은 재즈 어둠의 마지막 켜까지 밀어낸다. 어둠에 박혀 있던 노트를 꺼낼 때 묻지 않은 언어의 광맥을 캐기 시작한다.

백석의 이카루스

한가위 며칠 앞둔 주말
구리 아트홀에서 연극 백석 우화를 보았다
교외의 가을 물들이고 있는 가로수들
온통 백석이 남신의주 박시봉 방
창밖 지키고 있는 갈매나무 같다

천상의 시인 백석, 사슴 같은 사내
고향 지키겠다는 마음 하나로
이방인들이 제멋대로 그어놓은
군사분계선 이북에 남았다가
덩치 큰 이카루스가 되었다
큰 날개로는 하늘 날 수 없어
땅에 떨어진 채 찬 이슬에 젖는다
동류항 만난 듯 내 가슴도
찬 이슬 그들먹해진다

금 그어진 자유 찾아 월남하는 대신
고향 평북 정주에 남아 사투리 지키며
파 농사 짓는 백석에게서
살아 있는 시가 읽혀지는 건 왜일까

시로도 동화로도 끝내 우상을 담을 수 없어
삼수갑산 농장으로 유배되어
씨감자 거꾸로 심은 채
자꾸 줄기가 땅속으로 퍼져야 한다고
시인은 혼잣말 멈추지 않고…

서툰 감자 농사 지으면서
밤으로 쓴 주옥같은 시들
담을 책 한 권 없는 세상
두만강 넘어 몰아치는 겨울 추위 견디기 위해
불쏘시개로 시 원고 던지는
지상에 방 한 칸 없는 이카루스
시인은 홀로 걷는 지상의 외로움 넘어
하늘에 집 짓는 사람이다

어두운 극장 입구를 나오자
서울로 가는 길 길게 동맥경화 걸려 있다
가을 피로 풀지 못한 채
잔뜩 부은 쓸개 떼어내어
서울 쪽으로 냅다 힘껏 던진다

기지개 켠 오동나무

아파트 근처 자그마한 가구공장에 들렀다
마침 소목장 장씨가 오동나무를 켜고 있는데
베어낸 지 5년이 넘었단다
사람도 그만하면 육탈할 법한데
어머니처럼 마을을 지키는 산에 살던 오동나무
해를 더할수록 목질이 단단해져서
좀처럼 톱날을 먹지 않는단다

장씨가 조심스럽게 늙은 오동나무를 켜는 동안
골목길을 빽빽하게 채우고 있던
쟁반 피자며 생고기 굽는 냄새
슬금슬금 자리를 내준 채 물러나고
향기로운 나뭇결 내음이 대신한다
오늘만큼은 미세먼지 역한 냄새도 범접을 못할 것 같다

애인같이 안기는 소반을 만들고 있던 장씨
이윽고 마지막으로 다리 하나를 붙인다
오동나무가 기지개를 켜 소반을 들어올린다

제대로 산다는 건 저런 것이구나
죽은 뒤에도 더욱 끌리는 향기를 내는
늙은 오동나무를 보며
내 삶은 어떤 냄새를 쌓아왔을까
한동안 골똘한 생각에 잠긴다
육탈이 되고 단단한 뼈만 남은
오동나무가 살아온 길을 따라 걷는다

녹슨 라디오

아무리 천정부지로 가격이 비싼
영국산 본차이나 찻잔도
자칫 한 군데 이 빠지면 버려진다
어깨에 거는 것만으로 신분을 한 끗 올려준다는
명품 브랜드 드레스도
빛바래면 금세 추한 몰골을 만든다

그런 상식과 반대로 달리는 것도 있다
플라스틱 쓰레기의 산에서 찾아낸
옛날 라디오도 그 가운데 하나
옆구리가 푹 깨지거나
내리친 주먹에 한 대 맞은 듯
얼굴이 엉망인 이 친구들을 보면
안쓰러운 유기견을 찾아낸 듯 안고 온다

거푸집이 망가져 거실에 진열된 양주병이나
매끄러운 것들로 가득한 화장대에는 어울리지 않지만
목이 쉰 가수처럼 사그락거리는 볼륨에
기름 한 방울 떨어뜨려 주고

묵은 먼지를 털어주면
멈췄던 심장 박동이 되살아나듯
소프라노 레나타 테발디의 맑은 고음에서
문주란의 동굴 바닥에 깔리는 저음까지
맑고 멜랑콜릭한 소리 들려준다

신기하게도 라디오는 한물간 옛것이
풍성하고 따뜻한 소리를 낸다
얼굴 군데군데 검객의 칼이 지나간 듯
아물지 않은 상처 사선으로 그어지고
슬레이트 지붕 뜯긴 듯
케이스도 없이 맨몸으로 달아오른
진공관들이 따스하게 가을 공기를 덥힌다

막혔던 귓속 미로를 더듬을수록
라디오 장인들의 상처투성이 손등이
따뜻하게 만져진다
닫혔던 마음의 문 한쪽이 슬며시 열린다

파미르의 빵

차마고도의 서쪽 끝자락
녹아내리는 빙하에서 사금 캐느라
세계의 지붕 파미르를 떠도는
고산족 가족 천막에
저녁 연기 피어오르고 있다
훈제처럼 검게 그을은 여인이
허공에서 손바닥 잽싸게 뒤집을 때마다
밀가루 반죽 마술처럼 엷어진다

처음에는 작은 접시 돌리듯 하더니
금세 웬만한 방석만해진다
엷어져서 백지장처럼 비치는 그것을
화덕 위에 얹자
저녁놀이 노릇노릇 부풀어 오른다

넓은 빵 골고루 나누는
식구들 표정 하나같이 넉넉하다
얼어붙고 녹기를 거듭하는 빙하 따라
고산지대를 정처없이 떠돌지만
가난의 그늘이라곤 찾아볼 수 없다

가벼운 것이 가장 큰 재산이란다

문득 유목민 가족과는 저울질할 수 없을 만큼
많은 것을 누리고 있는
내 그늘은 왜 이리 넓을까
불길한 생각 땅거미처럼 엄습해 온다
효모 넣어 한껏 부풀렸지만
차가운 공기만 씹히는 공갈빵 같은 것들
다 내려놓고
파피루스처럼 가벼운 정신은
어디에 꼭꼭 숨어 있을까
낯익은 것들 적처럼 힐끔거린다

하늘이 가까워지는 가을 밤
둘레가 팽팽한 열사나흘 달 닮은
파미르 여인의 빵
나눌수록 더 넉넉해진다고 일러준다

빙하가 다시 얼어붙기 시작하는 늦가을
저녁 때운 고산족 가족
다시 고산지대 넘을 준비로 부산하다
가벼운 몸이 가장 큰 재산이라서
아까운 것들부터 버린다
나도 파미르 여인의 망설임 없는 손길 따라

우편함 넘쳐 혀가 빚어져 나온 고지서,
앞산과 키 겨루는 묵은 책,
내 눈을 동굴처럼 깊게 파고드는 티뷔,
귓바퀴에 더께 얹은 스피커들
허공의 묘지에 힘껏 던진다

은밀한 유혹

이제 더 이상 무거운 자물쇠는 필요 없다
그는 홀연히 알라딘 램프 켠 듯
단단한 도어록도 쓱 넘어
딩동! 홀로그램 던지듯 홀연히 나타난다
안녕! 따스한 롤케이크 같은 미소로 안부 묻고
오랜 지기라도 된 듯 손 내민다

밤의 한가운데서 잠의 사원에 들지 못한 채
왜 종이의 살결이나 만지고 있느냐고
내 등 뒤로 와
완강하게 팔짱 껴온다
좁은 땅에만 갇혀 있지 말고
멀리 눈을 돌려야 된다고
바다 건너 있는 친구
큰 눈 껌벅인다
가슴 따뜻한 연인 되어
페이지들 던지고 낯선 거리 함께 걷는다

외로워할 필요 없다고
시스루룩 저쪽 불룩한 가슴

부끄럽지 않게 보여주다가도
홀연 알라딘의 램프처럼 흔들린다
나랑 더 오래 만날려면
코인 넣어 줘
너무 배가 고파
가볍게 손가락 누르면 돼
우리는 모니터 밖에서도 만날 수 있어
간편 결제 시스템 쓰윽 내민다

너만을 위해 준비했어
하와이 해변 배경으로 아슬아슬한 비키니 보여주다가
남자용 팔찌며 반질거리는 시계 내민다
나랑 함께 이국의 바다 걷기에
알맞은 아이템이야

문득 종이의 살결 뿌리치고
비트코인 결제 버튼 누르려던 손
차가운 감촉에 멈춘다
먼 거리 좁히며 찾아든 친구 얼굴
모래성처럼 흐물흐물 허물어진다

내일 다시 만나
뜨거운 입술 닿은 곳곳에

차가운 상처만 남긴 채
한치 앞 보이지 않는 미세먼지 속으로
또각또각 가슴 없는 친구들
홀연히 사라진다

따뜻한 파도

파도는 결코 높은 데 도달한 것을
그대로 눌러 앉히는 법 없다
기울어지는 난간 버리지 않고
기꺼이 가장 낮은 자리에 던져져
붙잡을 솔기 하나 없을 때
비로소 투명한 벽 일으켜
절망을 불 같은 정수리에 올려놓는다

한 사람의 흐린 눈 가려버린 하늘
너무나 멀고 아득해
새벽으로 가는 외줄기 길 안 보일 때
광장의 보이지 않는 벽 툭툭 트며
하나둘씩 모여들던 작은 불빛들
짧은 인디언 섬머 끝난 뒤
쌀쌀한 가을밤 꼬박 견딜 만큼 따뜻했다

가장 가깝지만 가장 먼
효자동 넘어 푸른 집으로 가는 길
가득 메운 유모차들, 무거운 책가방 멘 여자아이,
야근을 빠져나온 넥타이 차림 청년까지

함께 어깨 겹치고 기대어
불타는 파도 이루어
낮은 곳들 북악 끝에 닿기까지 들어올리자
차가운 가을밤 홍시처럼 먹음직스럽게 익었다

한 사람의 손아귀가 틀어쥔
밤의 끈 느슨하게 풀리며
이름도 없이 기울어진 배의 난간에 실린 아이들,
식구들의 다디단 입 뒤로 한 채
일터 빼앗겼던 사람들
다 함께 희망의 파도 갈기에 올라
순금빛 새벽 맞던 기억
지금도 때 묻지 않은 채 닦여 있다

다시 파도의 갈기는 기울어져
낮고 추운 바닥 딛었을 때
함께 어깨 빌려주며
이안류의 일그러진 얼굴 딛고
일어서기 위하여
차가워진 가슴 서로 부비며
멀리 보이는 새벽 창 열기 위하여

황학동 난장에 선 서점

바다 건너온 황사 음울하게 흩뿌려져
아쉬운 겨울빛 가린 주말 오후
황학동 난장에서 책을 고른다
모래바람 불 때마다 배춧잎처럼 귀 말리고
시간의 손찌검으로 얼굴 엉망이 된
옛 친구 조심스럽게 안아 일으킨다

구깃구깃 겹치고 망가진 귀를 펴
구부러진 혀와 날이 거꾸로 갈린
칼날에 잘려나간 페이지라도 건지면
뿌옇던 하늘 땅끝까지 맑아진다

팥죽 한 그릇 비우고
낡은 LP판이 흥얼거리는 유행가로 귀 씻으며
서리 맞은 배춧잎처럼 찢겨져 나간 페이지 맞춘다
아파트 숲 강남 들판 덮으면서
버려진 책장 다시 찾아 폐지 더미 뒤적인다

다디단 시간 쫓아 달리는 디지털 시계에 떠밀려
낮고 축축한 곳에 숨어 있는

화장기 없는 얼굴 찾아
산을 이룬 겉만 번드르르한 것들 헤친다

느리지만 온몸 던져
못 알아보도록 피범벅이 된
그리운 얼굴 찾아 눈빛 맞춘다

섬백리향

봄날의 허기만큼 가늠하기 어려운 게 있을까
울릉도에서 건너온 부지깽이나물
뚝딱 비벼 춘곤증을 물리치고 나니
텅 빈 그릇이 왠지 깊어 보인다
문득 깊어진 그릇에 섬백리향을 세워 본다
동해 거친 파도를 이기고
독도까지 향기가 닿는다고 해서 붙인 이름이라던가
그 질긴 생명력이 탐나
울릉도에서 나오는 길에 한 포기 숨겨와
오지그릇에 귀한 손님처럼 들여놓고
죽비 같은 향을 누린 적이 있다

볕 좋은 베란다 쪽에 둔 채
하루가 멀다 하고 물 주고
영양제 앰플도 부러 먹여 길렀다
그렇게 중국발 미세먼지 탓에
꼭꼭 창문 닫아거는 통에 생긴
탁한 공기 말끔히 물리칠 것 기대했지만
향기로 집안을 채우기는커녕
시름시름 앓다가 한여름 못 견디고

그만 떠나보내야 했던 아픈 기억
몇 해가 지나도록 푸른 멍으로 남아 있다

사람이건 식물이건 제 설자리 있다고
외지인 욕심에 실려
궁벽한 산골 떠나 대처로 왔다가
졸지에 요절한 섬백리향이 말해 주었다
빈 밥공기에 담긴 섬백리향 허상에
문득 프레스에 말려 들어간
필리핀 노동자의 손이 겹쳐진다
가료도 제대로 받지 못한 채
일터마저 빼앗겨 가족에게 송금조차 못했다는
청년의 슬픈 얼굴 잊히지 않는다

그러고 보니 자연산은 씨가 말라
산 아래 농장에서 대량 재배한다는
부지깽이 맛도 예전 같지 않다
올여름 휴가 때는
흐트러진 마음에 죽비 한 줄기 안기려
울릉도를 다시 찾아야 할 것 같다

마포 도서관 가는 길

입춘방 붙인 지 대엿새 지났는데도
시계 바늘 거꾸로 돌린 듯
동장군이 더욱 매섭게 발톱을 벼린 날
책 빌릴 마련도 없이 마포도서관 간다
지난 시간 붓을 빼앗고
진실을 알리는 스피커를 빼앗은 무기 앞에서
책을 던지고 밥이 걸린 직장도 던졌던 사람들
꺼지던 촛불 되살려 다시 만나러 간다
부산 광안리에서 광주에서 제주 강정에서
짓무른 눈 안고 모여든 친구들에게
그리움을 풀어낼 시간은 넉넉지 않았다
온몸으로 날아들던 최루탄 함께 견디며
때로 붓을 빼앗기고 감옥 문을 열어야 했던
얼음의 밤을 꼬박 함께 밝히던 친구들
옆자리 비워둔 채 기다렸지만
끝내 그리운 얼굴 보이지 않았다
끼리끼리 은밀하게 대를 물려가며
가죽의자 차지한 채 진골 성골들은
천릿길 달려온 친구들에게 묻지도 않은 채
다시 가죽의자 물려주려 들고

서로 가슴속 묻어둔 말 꺼내지도 못한 채
투표함도 없이 손을 들어 찬성표를 던지거나
마른 손으로 박수를 쳐야 했다
언 손 비비며 광화문에서 이리를 몰아냈더니
다시 숨어 있던 차가운 손
우리 가운데서 불쑥 솟아나
친구들을 다시 변방으로 몰아내려 들었다
가장 가까운 친구들 사이에 핀
적의의 꽃이 서로에게 비수 되어 꽂혔다
광화문 광장 매운 바람 견디며
돌베개 벤 채 함께 새벽 앞당기던 친구들
끝내 돌아오지 않은 겨울 주말
표 하나와 술 한 잔 바꿀 수 없는 사람들
새로 집을 차지한 친구들에게
등 돌린 채 보이지 않는 황포 돛배를 탄다

게릴라 시위

올 들어 가장 매섭게 동장군이 발톱 세운 날
서울시청 지하도 건너
프레스센터 앞길 난장에서 플래카드 펼친다
"친일 부역 문인 기념 문학상을 폐지하라!"
입김마저 얼어붙는 섣달 공기 탓에
플래카드를 쥔 손 펴지지 않는데
전철 쪽으로 바삐 가던 젊은 연인들이
멈추어 서서 연방 스마트폰 플래시 터뜨리며
찬바람에 휘청거리는 플래카드 앞 떠날 줄 모른다
동장군의 발톱 아무리 매섭게 다듬어도
봄이 오는 소리를 막을 수 없음을
지난해 겨울 촛불을 든 시민들 생생히 기억하는
이무기처럼 버티고 선 거리 한복판
촛불은 제풀에 지쳐 꺼질 것을 믿는 듯
거대한 신문사는 시상식 장소도 알리지 않은 채
노상 시위를 벌이는 프레스센터 19층에서
미당 문학상 시상식을 연단다
상패와 함께 거액의 상금 주어지는
시상식장으로 가는 사람들
하나같이 얼굴 가린 채

엘리베이터 속으로 서둘러 사라지고
연일 뉴스룸에서 쓴소리 아끼지 않는 손석희
jtbc 기자마저 곱은 손을 부는
시위대에 파커 깃을 올려 외면한 채
카메라로 얼굴을 가리며 피해 간다
겨울바람에 맞서 플래카드를 더욱 높이 든다
광화문 광장을 가득 채운 칼바람 모른 채
털실로 감싼 듯 따스한 공기 감도는 가운데
텅 빈 시상식장에서는
수상자가 겸손하게 상장과 상금 거머쥐고
출판사에서 한솥밥 먹은 장정가 선배는
입에 침이 마르도록 칭찬 아끼지 않았다지만
문득 동장군의 발톱에 눌린 동료들에게
차갑게 등 돌린 채
뜨거운 술국 준비된 뒤풀이 장으로 향하는 행렬 속에서
늪으로 빠져드는 시를 본다
불어도 불어도 꺼지지 않는 촛불을 본다

4부

상처받은 용

영혼의 모음

전기 부품들이 널린 세운상가 옆
흐린 장사동 골목을 걷다가
진공관 몇 개 얹기에 좋은
폐계기판 케이스를 주워다
간단하게 싱글 앰프를 앉힌다
수명이 다한 전압 체크 기계를
장사도 제대로 안 치러준 채
가게 주인이 버린 것이다
군데군데 검버섯이 핀 철판을
천공하고 모난 데를 닦아 앰프를 얹자
달궈진 진공관과 어울려
뒤프레의 첼로 소리를 따스하게 전해준다
조금이라도 흠이 가면 안될 것같이
매끈한 케이스에 진공관을 앉힐 때보다
군데군데 녹이 슬고
맵찬 주먹 한 방 먹은 듯
움푹 들어간 데가 있는 철판이
더 가슴이 먹먹한 소리를 내준다
누구에게는 장례도 못 치르고
꽃도 무덤도 없이 버려진 것들

정성 들여 수술하여 기름 치고 닦아주면
다시 수명이 새로 시작되는 생명체로 거듭난다
요즈음은 기대 수명이 아니라
겉 분장만 지워지면 바로 버림받는 것들이 너무 많다
낡은 장전축에서 떼어낸 진공관
저항과 콘덴서 몇 개 가지런히 둔 채
숨어 있는 소리를 실어줄 쇠를 찾아
들고양이처럼 쓰레기더미를 뒤진다
검버섯 성성한 녹슨 쇠가 간직한
간절한 소리를 찾아
장사동 골목을 두리번거린다

대꽃

담양 소쇄원 수런거리는 대숲에
대꽃이라곤 한번도 핀 적이 없다
봄 들어 곡우 지나자마자
연초록 새순들 쏙쏙 올라오지만
누구도 씨를 뿌린 적 없다
파란 봄하늘에 흩날리는 하얀 대꽃
상상만으로도 한 폭의 문인화가 금세 그려지지만
수백년 내리 대꽃이 만개한 장관
한번도 보여준 적이 없다
소쇄원의 주인 양산보네는 봄이 되면
대꽃을 따기보다 늙은 대나무를 베어내는 일로
잠시도 쉴 틈이 없단다
화려하게 대꽃이 핀 다음에는
일제히 숲의 대나무들이 말라 죽기 때문에
봄이면 늙은 대나무부터 밑둥을 자른단다
꽃 피우지 못한 대나무들은
어미 대들을 베어낸 자리에
옆으로 옆으로 죽순을 내어 새싹을 밀어올린다
꽃이 핀다는 것은 생의 화려한 개화일 것이지만
그것은 또 하나의 슬픈 장례

담양 대나무들은 대꽃이 피는 순간을 늦추며
생을 느긋하게 즐긴다

장미를 넘어 금반지 끼우고
오르지 못할 직위에 오르고
당신이 거머쥐고 싶은 절정 얼마 남지 않았지만
거기까지 가는 빠른 길
늦추는 사람을 본다
사랑은 짜릿한 완성이 아니라
하나가 되는 과정과정을 느긋하게 즐기며
파국을 피하는 것이다

수백 살은 족히 된 소쇄원 대나무 숲
올해도 새 식구들이 건네는 연초록 향기 가득하다

와온, 밀물이 들기 전에

무릎이 퍼렇게 젖어 있던 학섬
비로소 날개 활짝 펴서
소금기 털고 날아오르는 시간
와온 갯벌 비로소 숨을 쉰다

칠게 가족들 치즈 덩어리 자르듯
뻘을 자르고 쌓아올려
거친 파도 밀려와도 끄떡없도록 집 짓고
짱뚱어들은 칩거하던 집 나와
핑크빛 노을 맞아 치를
성대한 혼례 준비한다

갯벌 가로지르며 학섬까지 이어진
이무기 같은 수로 하나
넉넉한 밀물 때가 아니라
가을볕 쨍쨍한 갯벌의 시간 견딘다

학섬 너머 여자도까지 빈 벌판 이루는
와온, 끝 닿지 않는 갯벌
내려놓고 가라고 갈대 바람 빌어 귀띔한다

묵은 마음 내려놓고
떨어지지 않는 발걸음 떼어 일어설 때
비로소 값 매길 수 없는
황금색 저녁놀 한 폭 차오른다

염소들의 땅

붉게 물든 단풍 파도에 실려
통영 앞바다 소매물도에 간다
흐린 눈 씻어줄 볼거리 찾아
점점이 흩어진 섬들 사이 두리번거리는데
문득 한 섬 꼭대기에서
바닷바람에 얼굴 씻으며
물끄러미 사람들 지켜보는 시선 눈에 밟힌다
이름 없는 무인도 지키는 염소 가족이란다

포수들을 풀어 포획 나서고
파도 잠잠해진 틈을 탄
낚시꾼들 억센 발 뒤쫓아가도
어느새 시야에서 감쪽같이 사라지는 바람에
번번이 허탕 친단다

사람도 지키지 못하는 섬
당당히 지키며 살아가는 염소 가족 이야기
세상에는 아직도 눈먼 돈이나
무기로 제압할 수 없는 땅이 남아 있구나
슬며시 미소 지어진다

절벽을 평지라도 된 듯
가볍게 오가며
살의를 감춘 채 사람들이 던져주는 먹이에
눈독 들이지 않는
염소 가족들의 생존법이 뭉클하게 와 닿는다

허공을 단단한 땅으로 여겨
가볍게 딛으며
풀 한 포기 물 한 모금도
천천히 나눠 갖는 염소들에게
험한 세상 건너는 법 한 수 익힌다

추사 유배지에 가서

대설주의보 흉흉하게 떠도는 12월 끝자락
추사 김정희 생애 말년 5년을 보낸
제주 대정읍 유배지에 들렀다
한겨울인데도 양배추들 파릇파릇 귀 펴고
육지에서는 벌써 진 수선화
여기에서는 노란 셔츠 걸친 듯
한창때 맑은 미소 건넨다

서울이라면 초가을이라고 해도 좋을
섭씨 십도 웃도는 따스한 공기에
겹겹이 걸친 옷 허물 벗듯 던진다
제주에는 그렇게 겨울이 머물 사이가 없구나
건들거리며 수선화 사잇길 걷는데
대뜸 멱살 쥐면서 다가오는 게 있다

추사 살던 키 작은 유배지
울울하게 감싸고 있던 가시나무
더 이상 가까이 다가오지 말라며
예리하게 벼린 가시들 쭉 찔러온다
겨울 한복판에 핀 수선화 마주한 채

5년 동안 벼루 열 개 구멍 내고
수백 자루의 붓 닳아 없앴다는 추사체
액자 속에서 금방이라도 뛰쳐나올 것 같다

가시에 둘러싸인 추사의 유배처 벗어나
얼음 도가니 속에 기꺼이 들어야
종이의 살결이 만져진다고
세한도 속 장송 휘감은 겨울바람 일러준다

유배지 한 발짝 벗어날 수 없도록
위리안치(圍籬安置)된 추사의 뜰 만개한 수선화
꽃은 겨울에 핀다고 꽃대 치켜든다
가시 울타리 아무리 높게 올려도
막을 수 없는 것이 있다고
멀리 이어도의 봄바람 져다 부리는 파도
울울한 가시 헤치고
누구도 손댈 수 없이 뜨거운
탱자꽃 한 송이 피워 올린다

동묘 벼룩시장에 와서

주말 외출길 동묘 벼룩시장에 왔다
코쟁이 외국인 절반
젊은 연인 커플 절반 뒤섞인 인파
높은 산 이룬 헌 옷가지들
한 발짝도 옮기기 어렵게 가로막는다
구겨진 옷가지들 이리저리 들춰보지만
낡아 터지거나 찢어진 구석이라곤 없다

백화점이며 명품 샵에 화려한 자태 뽐내며
하늘 모르게 높은 가격표 달고 있던 것들
단지 유행 지나갔다는 이유로 버림받아
팔도 어깨도 제멋대로 꺾인 채
서로 어깨와 어깨 베고 올라가
아우슈비츠에서 만난 옷가지와 신발 산 이룬다

누구는 그런 퀴퀴한 냄새의 산에서
베네통, 나이키, 지방시 따위
명품 골라 신분 상승 꿈 이루기 바쁘지만
나는 문득 후줄근하게 구겨진 팔이며
아픈 데 맡길 곳 없는

체첸 용병처럼 다리 부러진 저것들
반듯하게 일으켜 세워주고 싶다

따스한 체온 가진 사람들 사라지고
갈수록 날카로운 모서리 가진 물건들만
차고 넘치는 거리에서
아까운 수명을 빼앗긴 옷가지들
코가 뭉개진 신발들
일생 주인 섬기다 버려진 그릇 들에게
잃어버린 시간 되찾아주고 싶다

사랑에 굶주린 수단의 아이들
곧 철거될 운명에 맞서서 싸우고 있는
북아현동 산번지 외로운 사람들에게
겨울을 무사하게 넘길 따스한 피부 한 겹
덧씌워 주고 싶다

동묘 벼룩시장에 가면
산더미 이룬 잃어버린 시간들
새 주인 목마르게 기다리고 있다

상록수역을 지나며

  더 이상 상록수가 자라지 않고
무표정한 아파트 벽들 쑥쑥 올라가는
상록수역 지나 디자인대학에 말 하러 간다
만추 깊어가는데도 단풍 구경 할 새도 없이
지난밤에도 디자인 실습 하느라 밤 샜는지
아이들은 강의 시간에 지각하기 일쑤다

  먼저 남의 말 잘 듣는 귀가 있어야 한다
나보다 상대가 더 많이 말하도록 배려해야 한다
아이들에게 침 튀기며 책장 넘기지만
아이들은 좀처럼 마음의 귀를 열지 않는다

  문득 아이들이 밤새 스치로폼과 유색인종처럼 다양한 색지,
  그리고 칼로 만들어 책상 귀퉁이에 올려놓은
  인테리어 설계도를 본다
  파랗게 열린 하늘창과 어깨 묻기 좋게
  잔뜩 부은 소파가 가을 풍경 앉히기에 참 좋아 보인다
  저렇게 그럴듯한 설계 모형

꼬박 가을밤 새워 만들게 해놓고도
미래를 설계할 일자리로 가는 문
꼭꼭 닫아건 것은 또 누구의 설계도일까
몇몇 책상에 고개 묻은 아이들
텍스트 몇 줄 더 읽으려다 멈춘다

아이들에게 필요한 것은 경전이 아니라
그들의 가슴에 공명하는 랩
호리병처럼 좁아든 학교 밖으로 나가는 문이다
텍스트 대신 백인들의 편견 뿌리치고
달로 보내는 우주선 궤도 그려낸
흑인 여자들의 삶 담아낸 영화
〈히든 피겨스〉를 함께 들여다본다
아이들의 감겼던 눈이 크고 맑게 열린다

필통

세상 깨어날 새벽녘 되어서야
책을 베개 삼아 잠든 아이
머리맡 지키는 필통을 열어 본다
임박한 취직 시험 날짜 말해주는
연필이며 볼펜 수정펜들
금방이라도 터질 듯 들어 있다

뾰족하게 다듬은 머리 맞댄 채
오밀조밀 밀착해 있는 필기구들
꼭 성냥개비들이 화약 쟁인 채
눌려 있는 것 같다
건드리면 금방이라도 확 불이 붙을 기세다

비싼 계절학기 등록해 학점 따고
모자라는 스펙 차곡차곡 쌓느라
휴일도 반납한 채 영어 학원 드나들고
밤을 줄이며 봉사활동 점수 따느라 뛰어다니고
눈이 빨개지도록 칠판 들여다보지만
학교 밖으로 나가는 길
툭툭 끊긴 채 잠겨 있다고

잠을 못 이루는 녀석 얼굴 파리하다

가을 들어 벌써 수십 장의 입사 원서 썼지만
금수저는 따로 있는지
사장의 먼 친척 족보에 든 친구들
시험도 치르지 않고도 쑥 잘들 들어가고
보이지 않는 손 점찍은 대로
순서 바꾸어 은밀히 뽑는 통에
합격의 문 날로 바늘구멍이 되어간다

오늘도 무거운 책가방에 실려
향하는 아이의 가방 속 필통에는
시한폭탄이 가득 차 있다
바늘구멍 단번에 깨뜨리고
활짝 통로 열어야 한다고
금방이라도 터질 듯 불씨 머금고 있다

아이가 잠을 잊은 채
책 속에서 찾아낸 길
책 밖으로 나오자마자 오리무중 미궁 속으로 빠지고
만다

겨울 파종

겨울 콩은 결코 따뜻한 데서 잠재우지 않는다
소설(小雪) 값 하느라 찬 서리 내린 섣달 초입
가을걷이 끝난 주말농장 밭두렁에
아버지는 아깝지도 않은지 콩을 파종한다

머리채 풍성한 무도 서리 앞에 시들고
아침이면 파랗게 실핏줄 끝까지
푸르름을 길어 올리던 기억 지운 채
화장기 없는 푸석한 얼굴
무표정하게 드러낸 밭두렁에 콩씨 심는다

겨우내 땅거죽 얼어붙어
부드러운 흙가슴 한번 만져지지 않고
새푸른 떡잎 하나 볼 수 없지만
타임 캡슐이라도 된 듯
얼음의 도가니에 작은 콩알 앉힌다

찬바람 겹겹이 둘러막고
때로 굽은 등도 곧게 펴지도록
군불 뜨끈뜨끈 지핀 방에 위리안치한

감귤이며 홍시 분에 넘쳐 썩어가지만
얼음 도가니에 든 콩알들
제 살 조금씩 내주며 언 흙 녹인다
봄물 스며들 때까지 어린싹 지킨다
온몸으로 겨울에 맞서서
스스로 겨울 빗장 푼다

한 사람 앞에만 비단옷 산처럼 쌓이고
사람을 죽이고 살리는 방망이 쥐게 해서는 안 된다고
독방에 앉아 겨울과 맞선 그 사람
마침내 빙벽 녹여 봄 맞듯
작은 콩알 얼음의 도가니에 심는다
겨울 복판에 아낌없이 저를 던져
깊은 상처로 깨끗한 봄 맞는다

덕수궁 가는 길

탄생 100주년을 맞는 화가 유영국전 보러
덕수궁에 왔다가 시청역 초입부터 막히고 말았다

깃발 든 채 목이 쉬도록 외쳐대는 사람들
을지로 입구까지 멱살 쥐듯 몰려 있어
옴짝달싹할 수 없다
버스표 한 장 사지 않은 사람들이
인왕산으로 가는 길
몸에 몸을 엮어 가고 있다

덕수궁으로 가는 길은 병목이 되고
폭포를 이루어 쏟아지는 말들 주워서
아이들에게 건네려 해도
하나도 남는 게 없다
건들장마 지나간 지 오랜데
수챗구멍에 걸러지지 않은 말들 꼭 막혀 있다

아무리 꼬불거리는 글자들로 가득 찬
역사책 내밀어도
아이들은 글자 따라 읽지 않고

행간에 숨은 말들 찾아내느라 여념이 없다

깃발 숲 너머
포스터에 담겨 꽃샘바람 치는 대로 흔들리는 화가 유영국
육십이 되어서야 겨울 그림 값 매겨질 때까지
오직 진땀 이겨 새긴 산그림 한 점과
식구들 저녁 지을 쌀 맞바꾸던 시간
쓰리게 눈에 밟힌다

중국 쪽에서 몰려드는 미세 먼지에 내준 하늘
누렇게 내려앉아도 누가 하나 들어올리지 않는 주말
뒤를 돌아보지 않는 어른들 숲에 막혀
갈길 잃은 아이들 위로
검푸른 땅거미 빈 틈 없이 덮여 온다

문득 시청 옆 지하도 입구에서
노숙자 몇몇 억센 땅거미 밀어내며
라면박스 아파트 짓느라 분주하다

이상의 집

유리 천정이라도 된 듯 치솟는
삼청동 일대 북촌의 월세에 쫓겨
가게를 빼앗긴 길 모퉁이 카페, 손바닥만 한 피자집,
누이 파마머리처럼 얽힌 칼국수집들 세입자들이
하나둘씩 사직터널 옆 서촌으로 이사하고 있다

나도 그 부산한 이삿짐에 섞여
서촌으로 와 이상을 찾는다
경복궁역에서 배화여전으로 뚫린 골목
처마 맞댄 퓨전 삼겹살집, 담벼락 뚫어서 낸 카페,
거품 부글거리는 치맥집 아수라 속에
유토피아는 끝내 묻히고 마는가
그렇게 돌아서는 순간
아사히 생맥주집 남자가 담배 피우다가
돌아보라며 손가락으로 가리킨다

젊은 시인들에게 시의 교과서라는 이상은
육간 대문집 아닌
키만 머쓱하게 자란 빌라
울긋불긋 옷 내건 의상실에 다 내주고

겨우 문간채 하나만 남겨
보일락 말락 '이상이 살던 집'이라는 글자 붙여 놓았다

이상이 담배 연기를 삼키며 시 쓰던
다락방 가는 계단에서는
진종일 이상의 일대기 담은 동영상 돌고...
통유리창으로 내다보이는
산토리 맥줏집, 뒤꼭지 보이지 않는 헤어샵,
함께 앉을 의자 치워버린 혼술집,
목을 맬 사람들 기다리는
악세서리 샵들 비좁게 어깨 맞대고 있다.

새우처럼 몸 좁혀 보지만
좀처럼 발 펴지지 않는 이상의 다락방
유토피아는 크고 화려한 게 아니라
밤새워 침 발라 쓰는 시라고
시린 발가락이 일러 준다

산을 옮긴다는 것

산은 이렇게 옮기는 거구나
아침부터 비산동 산번지 일대
천둥이라도 치는 듯 시끄럽더니
바리깡으로 비구니 머리 밀듯
벽이 금간 연립이며 철물점 들어 있던 상가
푹푹거리며 김 내뿜던 세탁소들
포크레인 차갑고 긴 기계손
마치 모래성 허물듯 부숴 가고 있다

엉덩이 부끄럽게 벌렁 뒤집은 변기며
아이들 꿈 발돋움하던 앉은뱅이 책상도
기계손에 잡히면 복사용지처럼 구겨진다

낡은 시멘트 포장길 뜯기면서
드러난 삼성산 자락
맨살 뜯겨진 살점처럼 아프게 드러난다
세상은 이렇게 속절없이 바뀌어 가는구나
기계손 앞에 넘어져 생생하게 상처 드러내는데
산번지 한구석 키 작은 집 한 채
철거반원들의 매서운 쇠망치며

날카로운 기계손 손가락 피해
모락모락 김 피우는 곳이 있다

수십 년째 찐빵이며 만두 빚어온 터 내주면
어디에도 다시 둥지 틀 데 없다고
다른 날과 변함없이 찐빵 찌고 있다
산번지 일대 까까머리처럼 깎여 나가는 가운데
머리 하얀 부부 모락모락 피우는 김 보며
문득 부수면 안될 것들
이 세상 끝자락에는 남아 있구나 하는 생각에
가슴 한구석이 둔기 맞은 듯 먹먹해진다

모두가 한 몫 쥘 것만 생각하며
멀쩡한 집 뭉개고
월급날 아버지 한잔 술에 비틀거리는 걸음처럼
삐툴빼툴한 길들 곧장 펴는 시대에
저 맛있는 찐빵 내음만은 지켜야 할 것 같다

금방이라도 집어삼킬 듯
기계손 잰걸음 저벅저벅 다가오는데
저 알 깨지면 온 세계 무너질 것 같아
기계손 차가운 손 뿌리치고
모락모락 김나는 찐방 하나 사든다

늦둥이 모과

가을 깊어가도 수확할 게 없는 서재
그나마 들여다봐 주는 건
창가에 귀 바싹 대고 있는 모과나무뿐이다
산국 다 진 다음에도
창가에 서서 푸르름 나눠 준다

안쓰러워 창문 열고 들여다보면
가을 내내 거두어도 모과나무 살림은
큰 열매 한두 개와 함께
우박 맞은 듯 움푹 패이고
덜 자란 젖먹이 같은 열매들 여럿
종이우산만 한 잎으로 감싸
찬 이슬을 막아주고 있다

숨 쉴 데라곤 한 뼘도 안 남긴 채
시멘트로 온통 덮어버린 마당
한구석 빌어 식솔들 거느리다 보니
한두 녀석은 잘 기르고
남은 것들에게는 햇빛과 물마저 나눠주지 못해
저렇듯 덜 자라고 못난 모과들이 달린 것이다

생인손이라도 깨무는 걸까
줄줄이 낳은 여러 형제 중
쓸만한 녀석 대학 보내고
먹거리 입을 거리 챙겨주면서
박힌 못 빠지지 않는
어미의 마음 간절하게 읽힌다

내년 봄에는 시멘트 걷어내고
몇 뼘 맛깔스러운 흙 더 부어주리라
숨겨준 마음 북돋우며
덜 자란 모과들을 만진다

못난 것들 차마 버릴 수 없는 모과나무들
뜬눈으로 가을밤 꼬박 밝힌다

모래톱을 지나며

섬진강 가는 허리 더듬으며
하동 평사리 박경리를 만나러 가는 길
굽이굽이 완강한 모래톱에 걸려
좀처럼 나아가지 않는다
시간의 수레바퀴는 바쁘게 재깍거리지만
이무기처럼 꿈틀거리는 섬진강
결코 서두르지 않는다

누구는 지리산을 물들인 단풍에서
울긋불긋 색동을 읽지만
모래톱의 이들을 만지며 멈칫거리는 섬진강은
경상도와 전라도가 만나는
화계장터 언저리를 진종일 휘돌며
피아골 단풍 온통 핏빛으로 물들인
남부군들의 억울한 상처를 읽고 있다

맑은 물에 반야봉 넓은 이마를 비추며
가진 것 다 버렸을 때
비로소 이길 수 있다고 말해 준다

지리산 정상으로 서둘러 갈 요량으로
산허리 툭툭 끊어
땅이 숨 막히게 아스팔트를 깔고
장터목산장에 하룻밤 묵지도 않고 가느라
케이블카를 공중에 매달아서는 안 된다고
구상나무 군락이 생각에 잠길 시간을
빼앗아서는 안 된다고
한사코 광양 다압으로 가는 걸음을 늦춘다

모래톱에 기꺼이 배인 섬진강
아름다운 상처를 보듬은 채
저절로 가속 페달에서 발을 뗀다

상처받은 용

통영 가는 길에 윤이상 기념관에 들렀다
가을 끝자락 재촉하는 찬바람 몰아치는데
동백 잎 더욱 푸르다
40년 훌쩍 넘도록 고향에 돌아오지 못하다가
먼 이국땅에서 윤이상이 영면한 다음에야
유해와 함께 돌아온 책상을 본다
검버섯 피듯 군데군데 패인 위에
빈 오선지 선명하게 그어진 악보
늙은 만년필 한 자루 덩그러니 놓여 있다
조국은 하나다
음악으로 잇는 갈라진 땅
사악한 무기며 검은 손이 거머쥔 돈으로
결코 나눌 수 없다고 말해준다

윤이상이 생의 끝까지 놓지 않았다는
첼로, 그의 육성 들려주는 듯하다
빈 첼로 줄에
통영 앞바다의 파도 소리 실어본다
육탈한 뒤에도 오래 생생하게 남는 것이 있다고
흉상을 벗고 나온 윤이상이 어깨 토닥여 준다

5부

스피커를 찾아서

피아노 계단

청량리 행 전철 시간에 대기 위하여
서둘러 안양역으로 달려왔는데
부처의 설법전에 닿기 만큼 어려운
108계단이 떡 버티고 서서 가로막는다
순간 히말라야 산행의 첫걸음을 떼듯
막막함이 앞을 막았지만
계단을 딛는 순간 금세 몸이 가벼워진다
계단마다 달린 피아노 건반이
경쾌한 도레미파 소리를 내며
무거운 몸을 가뿐하게 들어올려 준다
문득 장딴지를 가볍게 밀어 올리는 피아노 소리에서
티 없는 아이의 웃음소리를 읽는다
골목길 돌아서고 나서도
흔드는 손 멈추지 않는 여자를 읽는다
한 계단 올라 딛을 때마다
기대 수명 1분 28초가 늘어났습니다
5분 6초가 늘어났습니다…
쑥쑥 올라가는 목숨 줄 눈에 밟히는
안양역 피아노 계단
땀 흘리며 오를수록 즐겁다

경쾌하게 건반을 누르면
푹푹 김 내뿜으며 만두를 빚는 사람이 보이고
명절 앞두고 몇 푼의 체불 임금을 받기 위하여
고공 크레인에 오른 친구가 보인다
함바에서 서로 어깨를 베며
쪽잠을 자는 일용직 노동자들이
부시시 새벽을 여는 소리가 들린다

너는 누구의 힘든 어깨를 받쳐주는 사람이냐
넉넉한 전철 시간이 묻는다

스피커를 찾아서

새로 단장한 세운상가에 가본다
파란 하늘 티 없이 옮겨놓은 듯
유리창 훤히 비치는 오디오 가게
손님들의 발길 묶어두려고
집채만 한 스피커로 흘러간 유행가 들려준다
왠지 소리가 자꾸 흘러 빠지는 느낌이다
때로는 손바닥만 한 스피커에서
흘러나오는 나나 무스쿠리에 마음 베이는데…

하늘을 찌를 듯 올라간 빌딩 앞
사내 방송 스피커에서 쏟아내는 소리
아무리 커도 마음에 닿지 않는다
제 앞으로는 통장 하나 갖지 않은 그 사람
하루 24시간 쉬지 않고
똑딱 하는 1초에 187만원 벌었다는데
사내 방송에서는 전자파 세례 받은 끝에
암으로 져간 꽃다운 청춘 이야기는 없다

서리 내리려면 아직 몇 뼘 남았는데
촛불을 다시 켜든

광화문 광장 오싹하다
구리 이순신 넘어 숭례문까지 울려 퍼질
소리 내줄 대형 스피커 앞에 선다

연단에서는 쉴 새 없이
큰 소리들 쏟아지는데
왠지 내 귀에는 하나도 들리지 않는다

거리에는 파지들 수북이 쌓이고
스피커들 날로 커져 가지만
개미들의 목소리
끝내 들리지 않는다

아무리 큰 스피커 울려도
마음에 닿지 않으면
모기 소리 되고
아무리 작은 소리라 할지라도
마음의 주파수와 공감되면
큰 울림 된다

하라주쿠, 신촌 너머

굳이 두리번거리며 출구 찾지 않아도 된다는 듯
심장을 흔드는 사이키델릭 음향
하라주쿠 패션 스트리트 가는 길
점자 블럭 따라가듯 또렷하게 일러준다
더 이상 눈 뜨지 않아도 된다고
어깨에 어깨 겹친 채
이안류에 떠밀린 듯 복판으로 가는 사람들
왠지 낯설지 않다
주말의 서울 신촌 빼닮은 풍경
맨 아래층에는 커피숍, 그 위에 브랜드 패션 샵,
한 층 더 밀고 올라가면
희고 마른 마스크 눌러 쓴 성형외과
하라주쿠가 한눈에 들어오는
맨 꼭대기 층에는 장밋빛 커튼 드리운
러브호텔 수줍게 뒷모습 가리고 있다
진종일 리듬에 몸 맡긴 채
먹고 마시고 입고 벗는 것으로
가득 찬 세계만이 이 세상에는 존재한다고
사이키델릭 소리 따라 흔들리는 바람 일러준다

그런 풍경에도 지쳐서 길 건너
삼나무들이 시원하게 들어찬 숲으로 발을 돌렸는데
산문에 들어찬 큰 포도주통 뒤로
메이지 신궁 간판 크게 눈에 들어온다
첩첩하게 몇 채의 궁궐 지어
포도주 뒤에 총포 숨긴 채
한반도 너머 만주까지 삼킨
메이지 왕 신으로 섬기고 있다

족히 99간은 넘어 보이는 메이지 신궁 앞에서
이토를 저격했다는 이유로
무덤마저 찾을 수 없게 된 안중근이며
이름 없는 혼들 떠올렸다

문득 하라주쿠 함성이
삼나무 숲 넘어 깊은 산중까지 떠밀려 왔다

겨울 방직
―원풍모방 누이들을 위해

저렇듯 가늘게 부슬거리는 털들
때로는 연인들의 속마음까지 촉촉하게 적시는
부드러운 감촉의 실 꿰어
매서운 추위 몰아치는 겨울쯤
너끈하게 넘기고도 남는 피륙 짜던
누이를 생생하게 기억하고 있다
한 장의 옷감 든든하게 짜기 위하여
한밤중에도 꼬박 공장에 불 밝힌 채
가난한 살림 깁던 누이 눈물은 따뜻했다
비록 눈을 가린 채 도는 방직기에
청춘의 시간 여지없이 짓이기면서도
어린 형제들 등록금 되고
식구들 든든하게 한겨울 나는 양식이 되면
더 바라는 게 없었던
누이의 맑은 눈물로 벼려진 새벽 빛
견줄 데 없이 깨끗했다

그렇게 단단한 밤과 청춘 맞바꾸며
불면의 밤 지샌 만큼

합당한 잔업 수당 지급하라고
기계와 맞물려 핑핑 돌아가는 시간
멈추고 자신을 돌아볼 시간 달라고
누이들은 최소한의 대접을 요구했다
얼굴을 가린 폭력은 그런 누이들을
삶의 전부인 공장에서 끌어냈다
식구들에게 보낼 돈줄 끊고
때로 담장 높은 감옥에 외롭게 던지는 것도 모자라
출옥 후에도 10년 넘어 내지 못하도록
블랙리스트에 묶어 버렸다
그렇게 누이들을 깊은 수렁에 밀어 넣고도
누구 하나 책임지지 않으면서
다시 얼굴을 바꾸어 돌아온 독재자의 딸
불편하지 않도록
법 밖의 법으로 속죄 길마저
잔인하게 끊어버린 자는 누구인가

익명으로 남은 음험한 얼굴 찾아
심인 광고판을 든다
거짓의 법 뒤에 숨은 사람들
훤히 보이도록 피킷 높이든
누이들 곁에 잃어버린 시간 함께 놓는다
한 군데로 향한 곧은 마음
다시 한번 단단하게 벼린다

내 안에 있는 금단의 선

금방이라도 파삭 깨질 것 같은 약속
감쪽같이 감춰 주는 몇 마디 말로 봉합하여
김정은과 트럼프가 센토사 섬에서 만나던 날
녹슨 군사분계선 철조망 금방 걷혔다
사슴들 지뢰밭 걱정 없이 넘나들 수 있으리라는
예감에 눈시울이 금세 팽팽해졌다
북한 땅 건너 시베리아 베를린까지 닿는
기차표 눈앞에 큰 선물처럼 어른거렸다

그렇게 먼 꿈 눈앞에 데려온 날
쌍용자동차에서 해고된 지 5년
회사로 돌아갈 날만 손꼽아 기다리던 김주중 씨
낮에는 바닥 미장이로 긴 해 이기고
밤으로는 꼬박 어둠 밝혀 화물차 몰면서
곧잘 어려움 참아냈지만
공장으로 돌아갈 꿈 물거품 되면서
스스로 목숨 끊었다
백화점 광고마다 수입상품들 넘치고
너나없이 북한행 티켓 사놓은 것처럼 떠들지만
헛바퀴만 도는 장단 따라갈 수 없어

죽음의 유혹에 끌린 듯 따라갔다
남북으로 갈라선 지 수십 년
적의를 띤 총구 서로 거두고
하나 되자는 말 적은 잉크 마르기 전에
이산가족 명단이 오가느라 분주하다
그렇게 금방이라도 남북으로 흩어진 가족
한자리에 앉을 듯한 날
저장성 낭보 류경식당 떠나 남쪽으로 온 누이들
자유로운 세상에서 마음껏 활보하는 것
한 번도 본 적 없다
태국, 싱가폴 멋진 식당 차려준다는 말에
서울행 비행기인 줄도 모르고 왔다는데
어디에 살고 싶은지 물은 사람도 없다
북쪽 고향을 그리며 이팔청춘들 흘릴 눈물
왠지 남의 일 같지 않아 가슴 메인다

군사분계선 안쪽 숨겨둔 증오의 눈빛 거두고
금방이라도 함께 춤출 듯한 날들
먼 데 있는 사람
손 닿지 않는 까치밥에만 눈길 주지 말고
어두운 그늘에 숨어 있는
가까운 이웃부터 살피라고
휴전선 넘어 하나 된 파란 하늘 갈라지며
궂은 비 진종일 내린다

보헤미안 랩소디

 음악은 튀어 오를 틈만을 노리며 잔뜩 조여져 있는 용수철이다. 공항에서 산더미 같은 수하물 처리 노동자로 일하던 파키스탄 이민자 파록버사라가 런던 뒷골목 빈민가의 작은 술집 무대에 오르자마자 온몸으로 노래를 불러 취객들을 단번에 사로잡는 걸 보면. 검붉은 피부의 청년이 밤샘 일자리를 팽개치고 마이크 하나로 백인들의 꼭 닫힌 가슴을 남김없이 열어가는 걸 보면. 켜켜이 눌려 있던 그의 영혼이 아프리카 타조가 활짝 날개를 펼치듯 환해진 걸 보면.
 돈다발에 질긴 끈으로 묶인 전파를 타려면 지루한 시간의 임계점 3분 안에 노래를 끝내야 한다는데 두 배나 되는 5분 32초 동안 거친 파도에 실린 난파선처럼 내닫는 랩소디를 듣는다. 음악은 그저 듣기 좋은 소리가 아니다. 집 없는 사람들이 처마 아래서 긋는 찬 빗소리이다.

 이건 현실일까? 그냥 환상일까? 엄마, 방금 사람을 죽였어요. 총구를 그의 머리에 대고 방아쇠를 당겨서, 이제 그 사람은 죽었어요. 인생이 막 시작됐는데, 지금 내가 다 내팽개쳐 버린 거예요. 만약 내일 이맘때 내가 돌아오지 않더라도 살아가세요.*

    세상은 시작도 하기 전에 벗어날 수 없는 교도소다. 스물일곱 파키스탄 이민자 청년이 잔뜩 눌러둔 용수철이 튀어올라 높은 벽을 훌쩍 넘는다. 먼 타국에서 희망의 등대를 켠 채 이민선을 타고 온 청년의 감옥이 지중해와 인도양을 넘어 아시아로까지 뻗어가는 걸 본다. 가청 주파수를 넘어 울려 퍼지는 드럼 소리 끝없이 동심원을 그리며 번진다. 손가락 두 개 가구공장 프레스에 잘린 채 음식점에서 기명을 부시는 방글라데시 청년의 시린 손이 남의 살 같지 않게 쓰리다. 프레디 머큐리의 절규가 먼 바다를 훌쩍 건너와 찬비 젖은 상처에 박힌 못을 질겅질겅 깨물며 내려간다.

*〈보헤미안 랩소디〉 가사의 한 대목

더 레이디 인 더 밴*

버젓하게 대학도 나오고 유치원 교사도 지냈다는데 마가렛은 이력을 망각의 강에 흘려보낸 채 너덜거리는 밴 끌고 다니며 노숙자로 하루하루를 살아간다. 어느 날 그녀가 낡은 밴을 런던의 고급 주택가 길 한편에 세워놓은 채 퀴퀴한 빨래를 차 위에 널어놓는다. 잘 차려입고 외출을 하던 부부, 아이들과 공원 산책을 나서던 젊은 엄마들 사나운 짐승이라도 본 듯 모두 화들짝 놀라 피한다.

그녀가 화장실을 쓰고 몸을 씻는 방법도 유별나다. 잘 나가는 극작가로 독신으로 살아가는 청년 앨런 베넷을 향해 대뜸 큰소리부터 친다. 나에게 잠깐 욕실을 빌려주는 건 당신이 최소한의 사회적 책무를 다하는 것이라며 속옷 몇 가지를 들고 대뜸 문을 밀고 들어와 욕실로 직행한다.

런던시청 복지과에서 나온 뚱뚱한 직원이 안전하고 따스한 잠자리가 마련되어 있으니 구질구질한 밴 그만 버리고 가자고 권유해도 망설임 없이 뿌리친다. 여기가 내 집인데 어디를 가느냐고 차 문을 완강하게 닫아

건다. 비좁고 때로 추위가 상처 난 팔뼈를 진종일 깨물기도 하지만 흐린 창으로 비쳐드는 햇살 몇 줌과 고전을 읽는 시간이 그녀에게는 빼앗길 수 없는 자산이기 때문이다.

딜런 토마스의 시를 읽으며, 하수구 공사를 구실로 퇴거 명령을 받아 밴을 옮겨야 할 때면 휘발유를 절약하기 위하여 시동을 거는 대신 젊은 극작가의 힘을 빌려 차바퀴를 굴려 가까스로 주소지를 옮긴다. 당신들이 불편해할 것은 길모퉁이 낡은 밴이 아니라 눈앞의 것들밖에 모르는 나쁜 시력이라고 일침을 놓는다. 런던 시민인 만큼 나눠 쓸 것이 많다고 녹슨 차를 온통 노란색으로 칠한다.

뇌혈관이 터져 의식을 잃은 채 병원으로 자신도 모르는 사이에 후송되었다가, 깨어나자마자 몰래 돌아와 가을 햇살을 빌려 읽던 동화를 손에 든 채 영원히 잠든다. 자신이 하고 싶은 일을 묵묵히 하다가 평화롭게 잠든 그녀는 사람은 무엇으로 사는지 묵묵히 말해 준다. 책 읽기를 마친 새벽 조용히 영원한 잠에 들었지만 그는 우리 가운데서 여전히 큰 소리로 당신들이 나눠주어야 할 것들이 너무도 많다고 외치고 있다.

*더 레이디 인 더 밴 : 니콜라스 하이트너가 감독하고 매기 스미스가 주연한 영국 영화.

카피켓

겨울바람만큼 정확한 눈을 가진 건 없다
아직 성탄일 두 뼘 반은 넉넉히 남겨 두었는데도
기말시험 치르는 강의실 차가운 공기
살갗에 오돌토돌 찬 돌기 솟아난다
시험지 받아든 아이들도 연방 찬 손을 비빈다

토론의 효과 여섯 가지에 대해 쓰라
아리스토텔레스가 말한 설득의 덕목 세 가지에 대해
약술하라…
아이들이 연방 볼펜심 눌러
하나같이 같은 답을 찾느라 부심하는 걸 보며
하나같이 같은 모양 한 카피켓 보는 것 같다

조금이라도 벗어나면 학점 미끄러질까봐
기억의 창고 몇 번이나 뒤지는 아이들
그렇게 한 방향으로 달리게 해놓고
대학 밖으로 나갈 길을 꽁꽁 막아버린
너는 누구냐고
낯선 나에게 묻는다

가지런히 챙겼는데도 답안지는 늘 삐죽 빚어져 나온다
무거운 책가방을 챙겨 돌아오는 길
귓바퀴 아프게 감은 채 다가오는
디지털 음악에 끌려
무심코 24시 인형뽑기방으로 눈을 돌린다

불룩한 배를 내놓은 둘리 인형
백설 드레스를 차려입은 귀요미 요정
뭉게뭉게 더벅머리 푼 구름빵 인형들이
추운 겨울 저녁 피해 가라고
하나같이 축축하게 젖은 눈 빛낸다

전철역 가는 길 아직 먼데
여자애들 셋이 인형뽑기 앞에서 눈 뗄 줄 모른다
하나같이 종아리까지 덮는 롱패딩 코트 걸친 게
누군지 모를 카피켓들이다
문득 가방에서 비쭉 얼굴 내민 답안지 같아
물끄러미 똑같은 표정들이 모인
인형뽑기방 앞에서 발 떼지 못한다

똑같은 손을 내민 네일 아트샵
위약금 대신 물어준다는 스마트폰 가게
젓가락 아무리 길게 곧추세워도

제대로 감기지 않는 일본 라멘 가게들…
전철로 가는 길 첩첩이 막아선 골목
서둘러 땅거미 밀려들고 있다
갈 곳 잃은 부표들 서로 부딪치며
검은 바다 떠돌고 있다

엘렌 그리모와 함께

눈이 큰 프랑스 출신 피아니스트
엘렌 그리모의 연주로 모차르트를 듣는다
짧은 생을 마감하기 5년 전
세상에 내보낸 피아노 협주곡 23번
아다지오, 느린 악장 듣다 보면
안개 속에 묻힌 돌밭길 산정까지 훤히 드러난다
서푼짜리 오페라 휘갈겨 써서
겨우 빵과 장작을 사던 모차르트
때 묻지 않은 음표 건지고 싶어
모든 것 내려놓고 불면의 밤 밝히는
청년 슬픈 눈을 읽는다

식민지 알제리 출신 아버지와
코르시카인 어머니 사이 혼혈아
그리모의 유랑하는 혼 속에는
불과 얼음 함께 살아간다
돈과 맞바꿀 악보 채워 나가다
장작난로를 버리고 눈보라 길에 선
모차르트의 뜨거운 눈물이
그리모가 온몸을 실어 누르는 건반에

날것인 채 생생하게 담겨 있다

새벽 첫차 타고 내려와
지방대학 강의실에 서서 백묵 쥐다 말고
눈이 초롱한 아이들을 본다
지식 가진 사람이면 모름지기
하루아침에 해고의 벼랑에 던져진 청소부들의
막힌 입이 되어주어야 한다고
거대한 벽 앞에 선 사람들 받치는
믿음직한 지렛대가 되어야 한다고
입에 침이 마르도록 떠든다
그렇게 벼랑에 선 아이들에게 희망을 불어넣으며
시간당 4만 원짜리 강단을 지킬 것인가
팔리지 않는 시 밤새워 쓸 것인가
돈이 되지 않는 시 던지고
가죽의자 안기는 자리 들어가
백화점을 마음껏 드나들 만큼 지폐 거머쥘 것인가

엘렌 그리모의 건반으로 전해져 오는
모차르트의 흔들리는 생 앞에서
문득 온몸을 던져 불이 될 것인가
불면의 밤 내내 오페라 악보 채워
몇 푼 돈을 쥘 것인가 생각에 잠긴다

교문 밖으로 흩어지지만
마땅히 찾아들 둥지 찾지 못한 채
안개 속으로 묻히는 아이들
낡은 수채화 물감처럼 사라지는 걸
손 한번 쓰지 못한 채 지켜본다

알

이제껏 보아온 알들은 희거나 노래서
어두운 데 등으로 걸어도 좋게 밝았지만
그렇게 익숙한 눈으로는
이곳의 알들 골라낼 수 없다

새로 입주가 시작된 안양천 건너 재개발 아파트 단지
이태 전까지만 해도 작은 꼬막 같은 집들이
어지럽게 널브러져 있더니
다 쓸려나가고 하늘 찌르는 아파트들 올라갔다

밤이면 불빛들 반짝이는 것이
명왕성의 눈 닦아놓은 듯이 반짝거려 좋았다
그런데 아무리 닦아도 밝아지지 않는 구석이 더러 있었다
꼬막 같은 집에 옹기종기 포개고 살다가
하늘 가까운 곳에 방 얻게 되었지만
천정 모르고 올라가는 재개발 분담금 내지 못한
집들 몇 채 주인 맞지 못해 시무룩해져 있다

밝은 빛 다 사라지고
밤 닮은 무채색 창들이 빛 내지 못하는 게
꼭 하얀 인절미 속에 든 검은 깨알 같다
보세 공장에서 미싱 밟거나
분식집에서 밤 늦도록 만두 빚지만
끝내 빈약한 적금 키 넘어 치솟는
재개발 분담금 마련할 수 없는 사람들
귀가하지 못한 채 떠도는 마음
검은 알 속에 담겨 있다
남의 일 같지 않아
저만 밝은 불빛들 창가에 옮겨
터질 듯 터질 듯 부푼
그것들 물거품이 되지 않도록 불어 본다

보석 비빔밥

 남행열차를 타느라 새벽부터 서두르는 통에 천안도 못 미쳐서 벌써 배 등에 붙었다. 출출한 속을 달랠 겸 식당 칸에 들러 요깃거리를 찾는데 문득 보석 비빔밥이 눈길을 끈다. 가을 색이 번들거리는 차림표를 보며, 납작하게 벼린 황금을 둘둘 푼 소주, 인삼 녹용과 함께 푹 끔 들인 밥이 떠올라 망설임 없이 주문했다. 막상 도시락을 받아들었지만 보석이라곤 한 톨도 보이지 않는다. 숟가락을 집어 들려다가 왠지 사각거리는 모래 같은 게 씹힐 것 같아 몇 번이고 내려놓았는지 모른다. 그렇게 망설임 끝에 겨우 숟가락질을 시작할 수 있었지만 벌교 꼬막을 술안주로 삼다가 잘못 깨물어 어금니가 깨질 뻔한 자연산 진주, 파미르 유목민들이 천년 빙하가 녹아내린 산간수에서 걸러내는 사금 따위는 씹히지 않았다. 골고루 쟁기질하듯 비벼서 푹 뜨자마자 입 안 가득 사각사각 씹히는 당근, 흙냄새 물씬 풍기는 능이버섯, 목 넘김이 까칠한 현미밥이 바로 보석이었다. 성장 촉진제를 먹여 신혼 방에 한번 들지 못한 채 애늙은이가 되어버린 닭, 항생제의 촉수 깊게 박힌 돼지 불고기 따위 입에 단 것은 없지만 자연이 고스란히 담긴 비빔밥이 곧 보석이었다. 어렸을 때는 한사코 뿌리치던 풋것들이 이제 돈으로 살 수 없는 보석이 되었다니 참으로 수수께끼 같은 세상이다. 보석은 먼 데 있는 게 아니라 바로 창밖에 활짝 펼쳐진 산과 들이라고 씁쓸한 머위나물이 말해준다.

은행나무 터널

깊은 겨울잠에서 깨어난 은행나무들
가장 먼저 향일성의 기억을 되살린다는 건
틀린 말이다

살얼음 걷힌 안양천 둑길 따라
양옆으로 늘어선 암수 나무들
기지개를 켜는 습관도 잊은 채
잘린 손의 아픔을 삼키며
기특한 새 가지 내어 서로 다가가고 있다

따사로운 햇빛 쪽으로 손을 뻗어
서로 잘린 팔을 대신해 주려는 듯
광합성의 자양분을 얻고 싶은 마음
꼭 억누른 채 서로를 안아가고 있다

저 다디단 어린 것들에게
지상의 방 한 칸 마련해주려면
제 작은 욕망 버린 채
하나 되어야 한다고
가는 무명실 엮어 피륙을 짓듯

한땀 한땀 허공의 길 깁더니
창창한 오작교 이루고 있다

아스라한 낭떠러지 넘어
검푸른 진창 넘어
암수 한몸 이루기 위해
해를 등진 채
길 없는 길 묵묵히 가고 있다

어느 정원사가 가위를 댄다 해도
나눌 수 없게
단단한 자리 버린 채
마침내 온몸을 서로에게 던져 터널을 이룬다

고양이발

외출에서 밤늦게 돌아올 때
이제 컴컴한 골목길을 걱정하지 않아도 된다
깨져서 맹목이 된 가로등을 대신해
길고양이 눈이 환하게 켜져 있기 때문이다

좁은 골목길 가득 엉덩이들을 들이밀고 있는
짐차며 성냥갑 같은 승용차 밑
길고양이 한 쌍
아직 남은 배기통의 온기를 빌려
긴 겨울밤을 나고 있다

그 좁은 틈새에서
누군가 마련한 플라스틱 식기 속 먹이들을
먹으며 스스로 켜든 등불 덕에
귀가가 늦은 나도
깨진 구두코를 들이밀 방향을 잡는다

좁은 길에 늘어선 차들을 보면
구두코 하나 놓을 자리
보이지 않는데

고양이들은 배기통과 바퀴 사이에
펄프를 늘이듯 납작 엎드려
넉넉한 집을 짓는다

차 바닥이 낮을수록 더 넉넉하다
사람들이 버린 옷가지 몇 개 물어오고
감자탕집에서 건진 뼈다귀 한 개로
저녁을 차리는 걸 보면
나의 결핍은 지나친 사치이다

두 눈을 굴려 어두운 겨울밤을 밝히는
고양이 부부를 보면
새삼 작은 것이 아름답다는
전율이 부르르 몸을 떨게 한다
고양이처럼 몸을 작게 하고
아내의 큰눈을 피해
늦은 밤, 무거운 현관문을 고양이발로 민다

조조할인

화면이 가랑비처럼 주룩주룩 흐르는
재개봉 동시 상영 영화들만 보다가
모처럼 두둑하게 용돈을 받은 날이면
아침 일찍 개봉관으로 달려갔다
따끈따끈한 조조할인 극장표를 사서
로버트 레드포드의 스팅이나
제임스 딘의 에덴의 동쪽을 보던 날은
세상이 비 개인 하늘처럼 깨끗했다
푹신한 극장 의자에 어깨를 파묻으면
점심쯤은 굶어도 배고픈 줄 몰랐다
요즈음은 멀티플렉스 영화관들이 속속 들어서면서
재개봉관에서 같은 돈에 두 편을 보는 재미도
조조할인의 짭짤함도 사라진 지 오래다

그렇게 까마득히 잊고 지냈던
짜릿함을 오랜만에 맛본 적이 있다
지방대학 첫 강의에 대기 위해
새벽 일찍 기차역으로 가는 버스를 타고
무심코 단말기에 카드를 댔는데
조조할인이라는 문자가 떴다

새벽 6시 반까지는 요금을 20%나 깎아준단다
부족한 새벽잠으로 흐려졌던 눈이 밝아지며
왠지 빈 주머니가 두둑해지는 기분이다
괜스레 즐거운 기분으로 자리에 앉아
주위를 힐끔힐끔 둘러보다가
철없는 나를 발견하고는 이내 뜨끔해졌다

눈꺼풀도 제대로 부비지 못한 채
남들이 출근하기 전에 쓸고 닦으러 가는 청소부
쇠손이 혀처럼 가방 밖으로 빚어져 나온 미장이
이른 새벽 근무 교대를 위해
끼니도 거른 채 달려가는 아파트 경비원 들이
하나같이 낡은 의자에 어깨를 묻고
부족한 잠을 보충하기에 여념이 없었다

영화 밖 늪 같은 일터로 가는 사람들
금방이라도 작은 꿈 깨질라
질끈 눈감고 있는 걸 보며
부끄러움으로 화끈거리는 얼굴 둘 데 없었다
몇 푼의 버스비 할인으로는
버거워진 어깨 풀리지 않는다고
일하는 사람들에게 깨끗한 새벽 열려야 한다고
땅의 사람들이 조조할인 티킷 너머에서
뜨겁게 침묵으로 말하고 있었다

무릎 올린 창포

꽃샘추위가 잠깐 발톱을 감춘 이른 봄
자전거 바퀴에 몸을 싣고 안양천 한 바퀴 돈다
봄 가뭄 달포째 이어지는 강변
강물이 줄어들면서 군데군데 생긴 물웅덩이에
염색공장 폐수, 세제 거품들이 부글거리고 있다

신기하게도 악취라곤 한 올도 풍기지 않아
페달을 잠시 고른 채 다가가 보니
파릇한 꽃창포 몇 포기
꽃대를 무릎까지 걷어 올려
썩은 물에 담근 채 서 있다
삼투압이 좋은 부드러운 몸으로
썩은 물 마다하지 않고 들이마신 다음
때 묻지 않은 향기 한 줌 건넨다

얼굴 잔뜩 찌푸린 폐수
마시는 어린 창포들
꼭 전쟁을 피해 다니며
악취 고인 물을 마시는 아프리카 아이 같다
숙명처럼 목까지 차오른 악취도

저렇듯 꽃대 올리는 자양이 되는구나!

검게 썩어들어 가는 물에 발을 담근 창포에서
자신은 등뼈 금 가도록 질통을 메고
진종일 공사장 비계를 오르는 아버지를 읽는다
하청 대금 겨우 몇 푼 쥐면
어린 것 새 학년 진급 때 신고 갈
하얀 운동화를 사들고
비틀비틀 골목길 넉넉하게 누비며 오시던…

따뜻한 함바 미련 없이 버리고
포도청처럼 단 식구들에게 돌아가기 위하여
가파른 산번지 골목길 아닌
고공 크레인에 올라 매운 바람 온몸으로 견디는
친구의 얼어붙은 눈물을 본다
검은 물에 무릎을 담근 창포
꽃샘추위 뿌리치며 한 뼘 더 깊이 뿌리를 내린다

가을 나팔꽃

낙원상가에서 익선동으로 넘어가는 길
빨간 신호등이 켜져 있는데도
서 있는 차라곤 보이지 않아 건너려는데
문득 파란 나팔꽃 한 송이
도로가 아스팔트 뚫고 흩날리고 있다

무심코 나팔꽃 펄럭이는 잎을 밟으려다가
급브레이크를 밟듯 구두코를 멈춘다

몇 해 전만 해도
한동네처럼 이어져 있던 익선동 한옥촌
좁은 골목에서 아이가
따사로운 가을볕 아깝게 즐기던 골목

한옥촌이 관광특구로 지정되면서
지붕과 기둥만 남긴 채 다 헐리고
온 골목이 반질거리는 악세서리 가게며
미국에서 건너온 커피 향
파스타며 빵을 파는 가게들로 붐빈다

문득 발 아래 나팔꽃 한 송이 본다
나를 밟고 저 발딛을 틈 없는
동네로 넘어가겠느냐고 묻는 것 같다

엊그제까지 주머니 사정이 안 좋은 이들로 붐비던
양푼이 백반 가게도 파스타 집에 떠밀려
어디론가 사라지고 없다

가을바람에 고개 굿굿이 들고
흩날리는 나팔꽃 한 송이
일그러진 도시로 가는 길에
외롭게 브레이크를 걸고 있다
내 마음의 신호등 따라 뒤돌아서서
아직 고가구 냄새 향기롭게 남은
인사동 오래된 골목길로 돌아선다

길 깁는 날

비산사거리 이마트 도로변
인부 몇 사람 펄펄 김을 뿜으며
아스팔트를 녹이고 있다
검은 팥죽 같은 아스콘 벌쭉하게 쏟아지면
지친 혀 길게 빼물었던 길
맛있게 받아먹는다
목젖으로 남김 없이 삼키고 나서야
저 길은 다시 맷집 좋은 덤프 트럭에서
이마트 들러 일주일 분 식료품
산더미같이 쌓아 밀고 가는
저 힘겨운 카트까지 견딜 수 있으리라

너덜너덜해진 아스팔트를 보면
신축 공사장 비계를 비틀비틀 오르는
막일꾼 철근공의 얼굴과 겹친다
출렁거리는 비계 바닥까지
온몸으로 딛으며 허공에 올라야
빈약한 주급을 챙겨 식구들 명절
겨우 차릴 수 있지만
체불 임금 탓에 집으로 가는 길 더디기만 한…

조각조각 찢겨져 혀 빼물고 있는
이마트 앞길에 다시 아스콘이 부어지고
뜨거운 김 걷히자
비로소 드러난 서울로 가는 먼 길
아직 차선 하나 그어지지 않은 자리
하얀 돗바늘로 한땀 한땀 앞으로 간다

솜씨 좋은 누이의 자수처럼
길게 깨끗하게 박혀 가는 차선
모든 길은 무거운 짐 마다하지 않고 가는
사람들의 어깨에 얹혀 있다고 귀띔해 준다
지치지 말고 가야 한다고
서울까지 함께 동행해 준다

단단한 허공

찍은날	2020년 6월 5일
펴낸날	2020년 6월 10일
지은이	박몽구
펴낸이	박몽구
펴낸곳	도서출판 시와문화
주 소	(13955) 경기 안양시 동안구 경수대로 883번길 33, 103동 204호(비산동, 꿈에그린아파트)
전 화	(031)452-4992
E-mail	poetpak@naver.com
등록번호	제2007-000005호 (2007년 2월 13일)

ISBN   978-89-94833-56-9(03810)

정 가   12,000원